JN269320

シンプルパンから
アレンジパンまで。
おうちのお米でできる！

GOPANでつくる
ごちそうお米パン

鈴木あさみ

河出書房新社

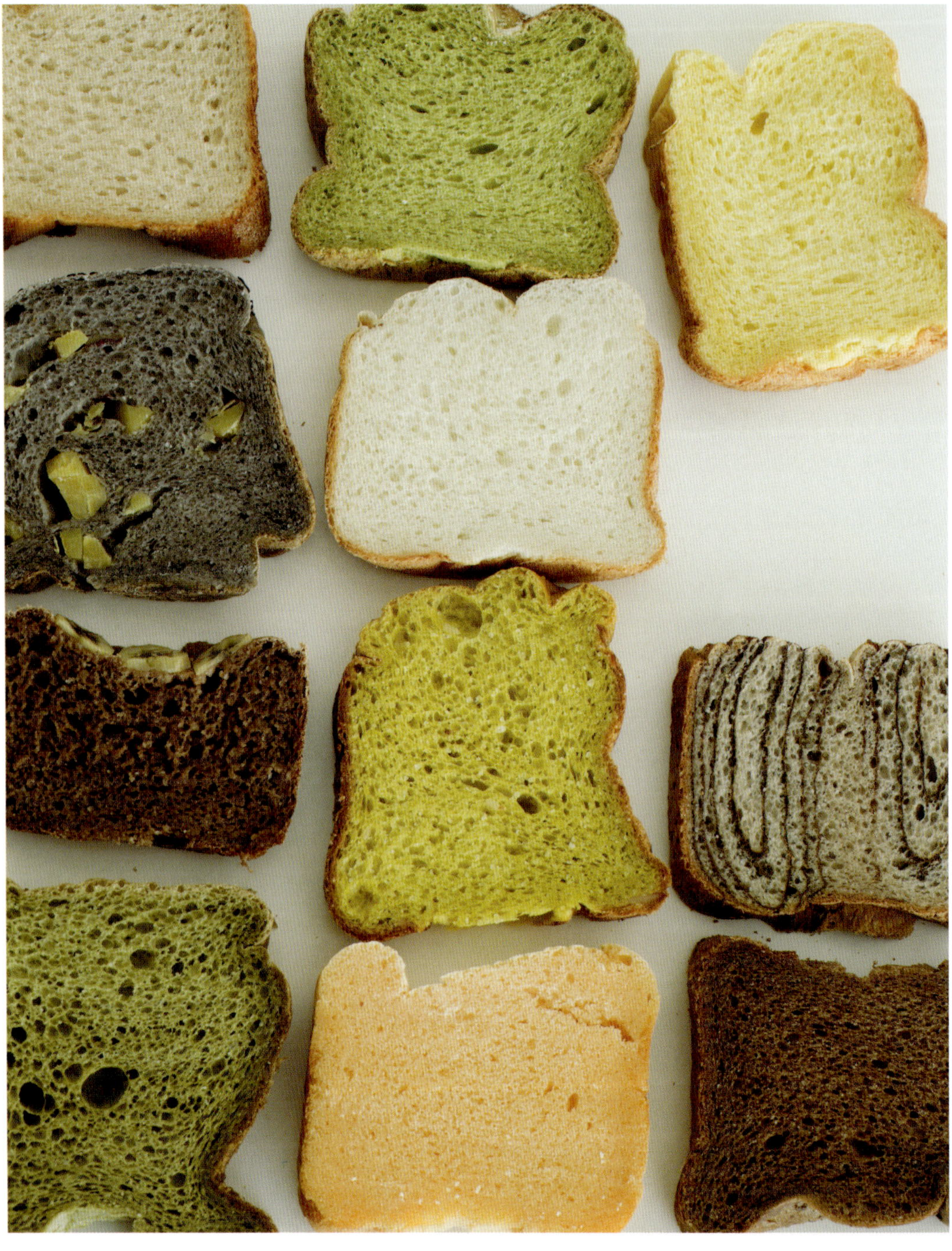

> ふ〜んわり、もっちもち!! しかも低カロリー

GOPANなら、お米でおいしいパンが焼けます!

GOPANはお米でおいしいパンが焼ける、画期的なホームベーカリー。
お米で焼いたパンの魅力は、何といってももっちりとした弾力!
私自身、GOPANに出合ってからというもの、今までにないふんわりかつもっちりとした食感とおいしさにハマり、毎日のようにパンを焼いています。

また、小麦パンよりも低カロリーなのに腹もちがよく、低コストで作れるのも大きな魅力です。そこで本書では、「GOPANで作ったおいしいパンを皆さんにもっと楽しんでほしい!」という願いから、ベーシックな食パンはもちろん、お野菜たっぷりのヘルシーパン、おかずパン、スイーツパンなど、幅広いレシピを紹介しています。

おいしい手作りパンをご家族や大切な方と楽しむことで、食卓に笑顔があふれるきっかけになれば、こんなにうれしいことはありません。

また、お米は私たち日本人の主食であり、GOPANを使ってお米で焼いたパンを食べることは、深刻視される日本の食料自給率を上昇させることにもつながります。*

国内の米農家が愛情を込めて育てた、安心できるお米で、おいしいパンを楽しむ。
そんな毎日を過ごすことで日本の農業を応援し、愛する人の健康と笑顔を守ることができるなら、本当にすばらしいことだと思います。

さあ、あなたもぜひ、GOPAN生活を楽しんでください!

鈴木あさみ

*日本人1人が1食のうち約7gを小麦食品から国産米に変えることで、食料自給率が1%上昇すると試算されています。

contents

2　はじめに

GOPANの基礎マニュアル

6　GOPANってなに？
　　GOPANでなにが作れるの？
7　GOPANの使い方、注意点
8　道具リスト
9　材料リスト
10　基本のお米パンを作ってみよう

12　column 1　GOPANに関するQ&A

シンプルパン

14　Wチーズパン
16　カフェラテパン
17　パンプキンシードブレッド
18　ピーナッツバターブレッド、
　　メープルバターブレッド
20　いちごジャムブレッド
21　ふんわりクリーミーブレッド
22　くるみとコーヒー漬けレーズンブレッド、
　　ナッツと紅茶漬けいちじくブレッド

ヘルシーパン

24　ブロッコリーブレッド、にんじんブレッド、
　　ほうれん草ブレッド
26　五穀ブレッド
27　おからふりかけパン
28　農園野菜パン
30　ヨーグルトブレッド
31　豆乳きな粉パン、
　　パンプキン豆乳ブレッド
32　小麦ゼロ！トマトパン
34　小麦ゼロ！豆腐パン
35　小麦ゼロ！黒米ブレッド

36　column 2
　　お米パンに合う手作りバター&ディップ

リッチパン

38　シナモンロール
40　抹茶ラテパン
41　スイートポテト黒ごまブレッド
42　焼きカマンベールチーズパン
43　ハニージンジャーブレッド
44　デニッシュ食パン
46　ココアマーブルブレッド

スイーツパン

- 48 抹茶ベーグル、チョコベーグル
- 50 宇治抹茶あんこパン
- 51 Wチョコブレッド
- 52 バナナブレッド
- 53 塩キャラメルパン
- 54 とろけるフォンダンショコラパン
- 56 マラサダ

❖ スイーツアレンジ

- 58 かんたんトライフル
- 59 お米パンプディング

- 60 column 3
  手づくりパンをかわいくラッピング

おかずパン

- 62 まるごとカレーパン
- 64 まるごとハンバーグパン
- 65 ソーセージエッグパン
- 66 ミネストローネチーズパン
- 68 もちもちフォカッチャパン
- 69 釜揚げしらす&トマトのおかずパン
- 70 ひじきパン、肉じゃがパン

アレンジパン

- 72 グリル野菜のピザトースト
- 74 豆乳カマンベールチーズ・クロックムッシュ
- 75 カリカリお米パンのえびアボカドサラダ
- 76 おいなりさんパン
- 78 ラップサンド、焼肉ロール
- 79 パンでカンタン！たこ焼き

本書の決まり

◎計量の単位：大さじ1は15ml、小さじ1は5ml、1カップは200mlです。
◎卵はMサイズを使用しています。
◎砂糖は上白糖を使用しています。
◎本書のレシピは電気オーブンで焼くことを想定しています。オーブンの加熱温度、加熱時間、焼き上がりは機種によって異なります。使用するオーブンに合わせて調節してください。
◎GOPANの工程の途中で手を加えるレシピの場合、タイミングを逃さないようにタイマーをセットすることをおすすめします。

GOPANの基礎マニュアル

みんなが大注目するGOPANは、
いったいどのようなことができるのでしょうか？
また、使う上での注意点などは？ ここでは、すでに持っている人も、
これから買う人にも役立つ、GOPANに関する基本的な情報をお伝えします。

● GOPANってなに？

世界で初めて！ お米粒からパンが作れるホームベーカリー

米粉などを買う必要がなく、家にあるいつものお米にお好みの材料をプラスしてGOPANにセットすれば、自動でおいしいパンが焼き上がります。お米の甘みや粘りが生きている、しっとり、もちもちとした食感が特徴。カロリーも小麦のパンより低めなのがうれしい。毎日でも食べたくなる、新感覚のパンが家庭でカンタンに楽しめます。

● GOPANでなにが作れるの？

ホームベーカリーであるGOPANを使えば、基本の食パンはもちろん、さまざまなアレンジパンをカンタンに作ることができます。ここでは、本書で紹介しているレシピの一例をご紹介。

食パン

白米だけでなく、玄米や雑穀米、黒米をブレンドしても作れるのが魅力。生地に具を混ぜ込んだり、トッピングすれば、自分好みの味や香り、食感が楽しめます。

小麦ゼロパン

GOPANには、小麦成分が苦手な人でも食べられる「小麦ゼロコース」もあります。レシピは本書P32〜35で紹介しています。

ベーグル

もちもちの食感を生かせば、おいしいベーグルだって簡単。生地に抹茶などを混ぜ込めば、さまざまな味が楽しめます。

マラサダ(揚げドーナツ)

お米の生地は、揚げてもおいしく食べられます。冷めてもふんわりとした食感が続き、軽い口当たりで食べやすいのが特徴。

ピザ風パン

GOPANでこねた生地を薄く伸ばして、好きな具をのせるだけ。ピザ風パンが完成します。パーティーやおもてなしにぴったり。

※ GOPAN本体に付属しているレシピブック「Cook Book」にも、たくさんのレシピが紹介されています。GOPANを買ったら、ぜひチェックしてみてください。

● GOPANの使い方

> とっても
> カンタン
> 3 step

step 1　材料をそろえる

⬇

step 2　GOPAN本体にセットする

⬇

step 3　出来上がり

※成形する場合は、「パン生地」コースを選択し、2で「こね」が終わったら取り出す。

● GOPAN使用上の注意点

ニオイについて

初めて使うときは、製品からニオイがする場合があります。故障ではありませんので、使用するにしたがい少なくなってきます。ニオイが気になるときは、換気をしてください。

音について

- ●「浸水」工程では、米パン羽根は動きません。
- ●「ミル」工程では、米をペースト状にするため、大きな粉砕音がします。（約30秒動作・約5分停止を10回くり返します）
- ● 自動投入ケースが動作する際、「ブー」と動作音がします。
- ●「発酵」工程開始直後、「焼き」工程開始約5分後に羽根取付軸が回転し、大きな動作音がしますが、故障ではありません。

道具リスト

お米パンをおいしく作るために必要な、GOPAN以外のアイテムを紹介します。
家にあるものを活用して、使いやすくて必要なものだけを買い足すようにしましょう。

● 必ず使うもの

スケール
0.5g単位で量れるデジタル表示のものを用意しましょう。

温度計
水や、発酵中のオーブン庫内の温度を測るのに使います。

米研ぎ用ざる
金属製のものがおすすめですが、普段使っているもので十分です。

ボウル
材料を入れるのに使います。さまざまなサイズがあると便利。

ミトン、軍手
オーブンから天板を取り出したり、型からパンを外すときに使います。

GOPAN本体と付属品

■ **本体**（お米パンを作る場合に必要なもの）
* 米パン用パンケース
* 米パン羽根（パンケースに取り付けて使用）
* 自動投入ケース

■ **付属品**
* 米パン計量スプーン1
  （小麦グルテン、ドライイースト用）
* 米パン計量スプーン2（塩、砂糖用）
* 計量カップ（水、もち米計量用）

※その他、小麦パン用の道具や、生種おこし容器、洗浄ブラシなどが付属品としてあります。

● あると便利なもの

★のついたものは、成形するパンを作るときに必要なもの。

ケーキクーラー
焼き上がったパンをのせて冷まします。なければ平らなザルの上に置いても。

パン切りナイフ
やわらかいパンもキレイに切ることができます。なければ包丁でも可。

★めん棒
生地を伸ばすのに使用。扱いやすい重さのものを選びましょう。

★計量スプーン
計量スプーンは必ず"すりきり"で量ること。

★スケッパー（カード）
生地の分割や、板についた生地をこそげ取るのに便利です。

★オーブンシート
焼き上がったパンが、天板にくっついたり焦げ付いたりするのを防ぎます。

★霧吹き
発酵中の生地が乾燥するのを防ぎます。オーブン庫内にまんべんなく吹きかけて。

★ふきん
生地を発酵させる際に、上にかけて生地の乾燥を防ぎます。

★定規
めん棒で伸ばした生地のサイズを測る際に使用します。

★ハケ
生地の表面に液体を塗る際に使います。毛の間もきれいに洗いましょう。

★タイマー
工程の途中で生地を取り出すレシピで、タイミングを逃しません。

※生地をこねる際に使う「こね板」は、なくても大丈夫。作業台をアルコール除菌スプレーなどで拭けばOK。

材料リスト

「基本のお米パン」(P10～11)を作るのに必要な材料をご紹介。
本書で紹介しているほとんどのパンの基本になるので、選び方なども併せてチェックして。

白米
うるち米であれば、普段食べている白米で十分です。よく洗ってからケースへ入れましょう。無洗米なら洗わずに使えます。

水
水道水でOKですが、温度には注意が必要です。本書では、予約時の室温が低いときは、水を10g増やすように指示しています。また、室温が20℃未満の場合は20℃に、20℃以上の場合は10℃にして使う方法もあります。

※分量について…各レシピで、白米と合わせた重さを掲載しています。白米の量を量ってから水を足し、指定の量になるようにしてください。

小麦グルテン
小麦に含まれるタンパク質の一種で、生地を膨らませ、粘りを出す働きがあります。GOPAN専用のものがおすすめ(P12参照)。

ドライイースト
生地の発酵を促し、パンを膨らませるために使います。保存は密閉容器に入れ、冷凍庫で保存を。一般のスーパーなどで購入できます。

砂糖
きめが細かく、コクのある甘さが特徴の上白糖がおすすめ。ドライイーストの働きを促し、パンがふっくら仕上がります。

塩
サラサラとして、混ざりやすいものを使いましょう。少量加えるだけで、生地にコシを出し、パンの味を引き締める効果があります。

無塩バター
生地にコクと風味を加え、のびをよくします。パッケージには、「食塩不使用」と書かれている場合もあります。

● 基本の材料表

※本書で紹介していないレシピもありますが、手順は同じです。雑穀の取り扱いについては、各メーカーの指示に従ってください。

		お米食パン	小麦ゼロお米パン	玄米食パン	雑穀食パン
	コース	お米	お米・小麦ゼロ	玄米	雑穀
米パンケース	洗米し、水を足した総重量	白米220g + 水 = 420g / 白米を洗い、水を足して420gにする	白米320g + 水 = 640g / 白米を洗い、水を足して640gにする	白米90g + 玄米130g + 水 = 430g / 白米と玄米を洗い、水を足して430gにする	白米200g + 雑穀30g + 水 = 440g / 白米を洗い、雑穀と水を足して440gにする
	砂糖	16g	32g	16g	16g
	塩	4g	7g	4g	4g
	無塩バター	10g	-	-	10g
	オリーブオイル	-	12g	-	-
自動投入ケース	ドライイースト	3g	5g	3g	3g
	小麦グルテン	50g	-	50g	50g
	強力粉	-	-	-	-
	上新粉	-	80g	-	-

9

基本のお米パンを作ってみよう

もちもちの食感と、
ほんのりとした甘さが
やみつきに！

● 材料（1斤分）

A
- 小麦グルテン……50g
- ドライイースト……3g

B
- 白米220g＋水……420g
  （予約時の室温が低いときは、水を10g増やす）
- 塩……4g
- 砂糖……16g
- 無塩バター……10g

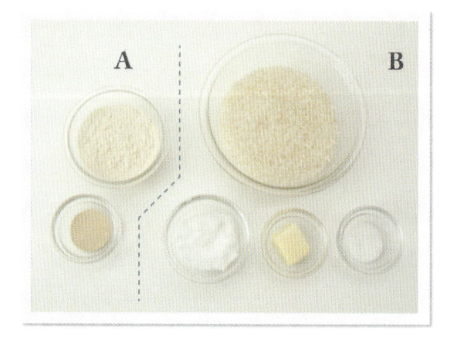

● 作り方

1 自動投入ケースに材料をセット

Aを自動投入ケースに入れ、本体ふたにセットする。

※小麦グルテン、ドライイースト以外の材料を入れる場合は、ドライイースト→小麦グルテン→具の順にケースに入れること。ドライイーストは塩に触れると発酵しにくくなるため、間に小麦グルテンを入れるのが望ましい。

2 米パンケースに材料をセット

米パンケースに米パン羽根をセットし、白米と水を入れる。

Bの塩、砂糖、無塩バターを加え、平らにならす。

❗ 米が完全に水に浸かっているのを確認して。

3 米パンケースを本体にセット

米パンケースを本体にセットする。

4 スタート

「米パン」キーを押し、「お米」→「食パンコース」を選び、スタートキーを押す。

5 取り出す

焼けたら本体からパンケースを取り出し、粗熱を取る。

❗ 熱いので、必ずミトンを使用すること。

型から外し、ケーキクーラーにのせて冷ます。

column1

GOPANに関するQ&A

材料を選ぶ際のポイントやキレイに仕上げるコツ、保存方法など……。
GOPANを使うなかでよく出てくる質問と、その答えをまとめました。

小麦グルテンは必要？

パンを膨らませるため、ベーシックなお米パンを作る場合には必要です。本書で紹介している「小麦ゼロ！パン」（P32〜35）なら、小麦グルテンの代わりに上新粉を使うので、不要です。

市販の小麦グルテンでもOK？

使えますが、種類によってグルテンの含有量などが違う場合があります。その結果、膨らみ具合に違いが出ることがあるので、配合を変える必要が生じます。GOPAN専用の米パン用小麦グルテンを使うことをおすすめします。

米パン用小麦グルテン（KA-SPMGURU10 500g×2）、1260円（送料別）
三洋電機のインターネットショップでお買い求めいただけます。
(http://direct.jp.sanyo.com/eclub/pages/gopan.aspx)

ケースから取り出しにくいのですが…

1. 米パンケース固定金具に手をかけてしっかりと持ち、斜め下方向へ勢いよく押し出してみましょう。

2. また、角を板などに当てると外れやすくなります。

3. それでも無理な場合は、15分ほど放置する方法も。パンナイフやフォークを使って取り出そうとしないこと。ケース内部を傷つけてしまいます。

4. 材料を入れる前に、パンケース内部や米パン羽根を取り付けるための棒部分にあらかじめハケでオリーブオイルを薄く塗っておくのもおすすめです。

焼いたパンをおいしく保存するには？

パンにとっての一番の敵は乾燥。ぴっちりとラップをして、密閉袋に入れましょう。冷凍庫で保存すると固くなりにくくなります。スライスしたパンも同様に。食べる際は、自然解凍してから電子レンジで温め直すと、もっちり、ふっくらとしておいしくいただけます。

GOPAN本体や故障に関するお問い合わせ

お買いもの相談窓口
サンヨーレインボーコール　**0120-398634**

※GOPAN本体に関するお問い合わせ先であり、本書の内容については上記ではお答えできません。

お米パンの風味や味わいを生かして作る

シンプルパン、ヘルシーパン

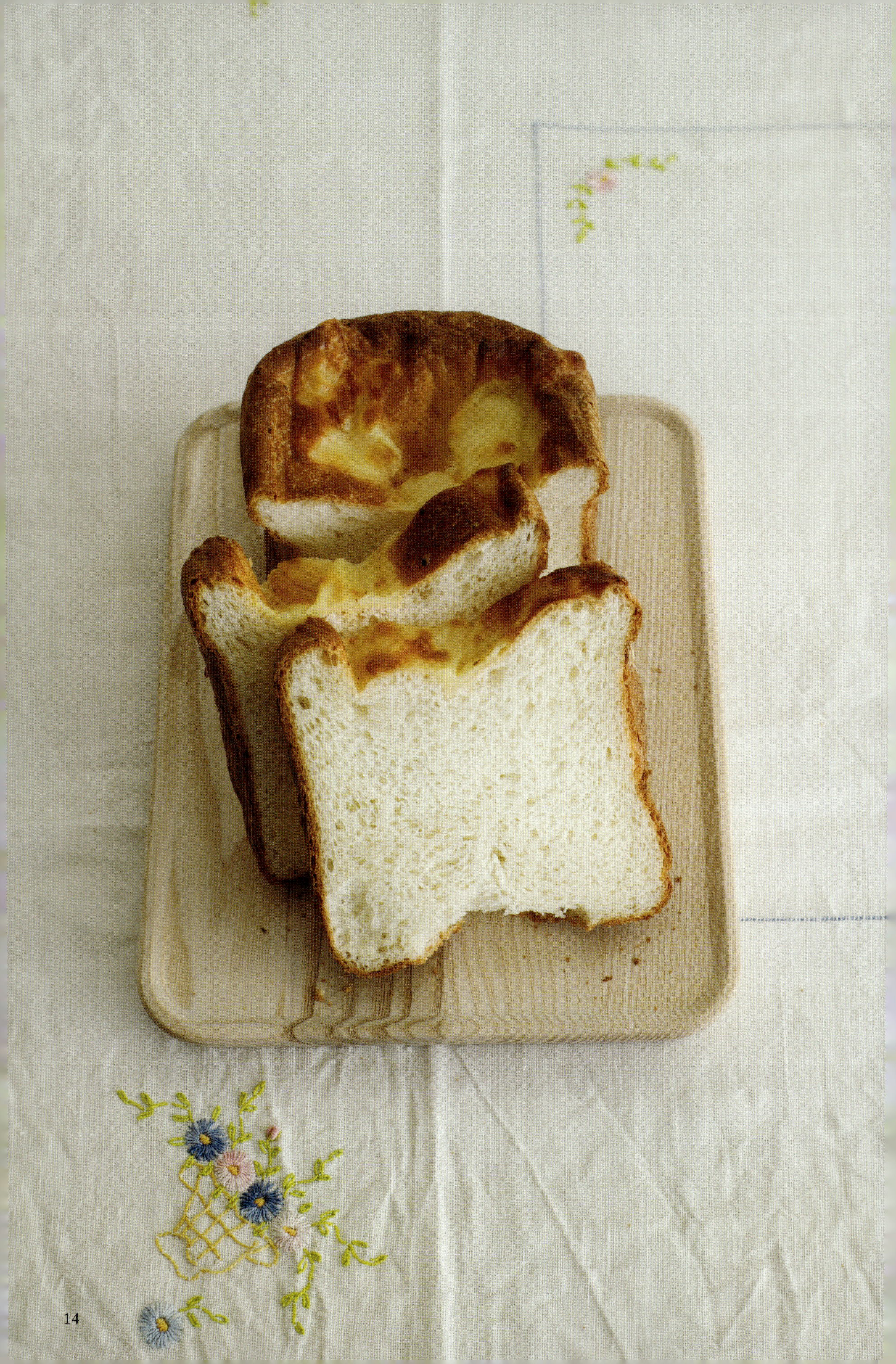

Wチーズパン

中に入ったもっちりチーズと、トッピングしたカリカリチーズが絶妙！

○ シンプルパン

● **材料**(1斤分)

A
- 小麦グルテン……50g
- ドライイースト……3g
- パルメザンチーズ……30g

B
- 白米220g＋水……420g
  (予約時の室温が低いときは、水を10g増やす)
- 砂糖……16g
- 塩……4g
- 無塩バター……16g

C
- ピザ用チーズ……20g

● **作り方**

1　Aをドライイースト→小麦グルテン→パルメザンチーズの順に自動投入ケースに(a)、Bを米パンケースに入れ、それぞれ本体にセットする(P11・1〜3参照)。「米パン」キーを押し、「お米」→「食パンコース」を選び、スタートキーを押す。

2　出来上がりの15分前に、電源は切らずにふたを開ける。生地の表面にCのピザ用チーズを散らし、ふたを閉めて焼き上げる。

(a) イーストの発酵を妨げないため、パルメザンチーズは最後に加える

カフェラテパン

朝食にぴったり！ コーヒーの香りが引き立ちます

● 材料（1斤分）

A
- 小麦グルテン……50g
- ドライイースト……3g

B
- 白米220g＋水……380g
  （予約時の室温が低いときは、水を10g増やす）
- 牛乳……60g
- 砂糖……30g
- 塩……4g
- 無塩バター……20g
- インスタントコーヒー
  （水で溶けるタイプ）※……8g

※お湯で溶かすタイプの場合は、少量のお湯で溶かし、冷蔵庫で冷やしておく。

● 下準備

牛乳、バターはよく冷やしておく。

● 作り方

Aを自動投入ケース、Bを米パンケースに入れ、それぞれ本体にセットする（P11・1〜3参照）。「米パン」キーを押し、「お米」→「食パンコース」を選び、スタートキーを押す。

パンプキンシードブレッド

ほっこり、ふわふわ。カリッとした食感のシードがアクセントに

シンプルパン

● **材料**(1斤分)

A
- 小麦グルテン……50g
- ドライイースト……3g

B
- 白米220g＋水……420g
  (予約時の室温が低いときは、水を10g増やす)
- 砂糖……16g
- 塩……4g
- 無塩バター……16g

C
- パンプキンシード……適量
- 溶き卵……適量

● **作り方**

1　**A**を自動投入ケース、**B**を米パンケースに入れ、それぞれ本体にセットする（P11・1〜3参照）。「米パン」キーを押し、「お米」→「食パンコース」を選び、スタートキーを押す。

2　「最終発酵」が終わり、「焼き」に入る直前（出来上がりの約50分前）に、電源は切らずにふたを開ける。生地の表面にハケで**C**の溶き卵を塗り、パンプキンシードを散らし、ふたを閉めて焼き上げる。

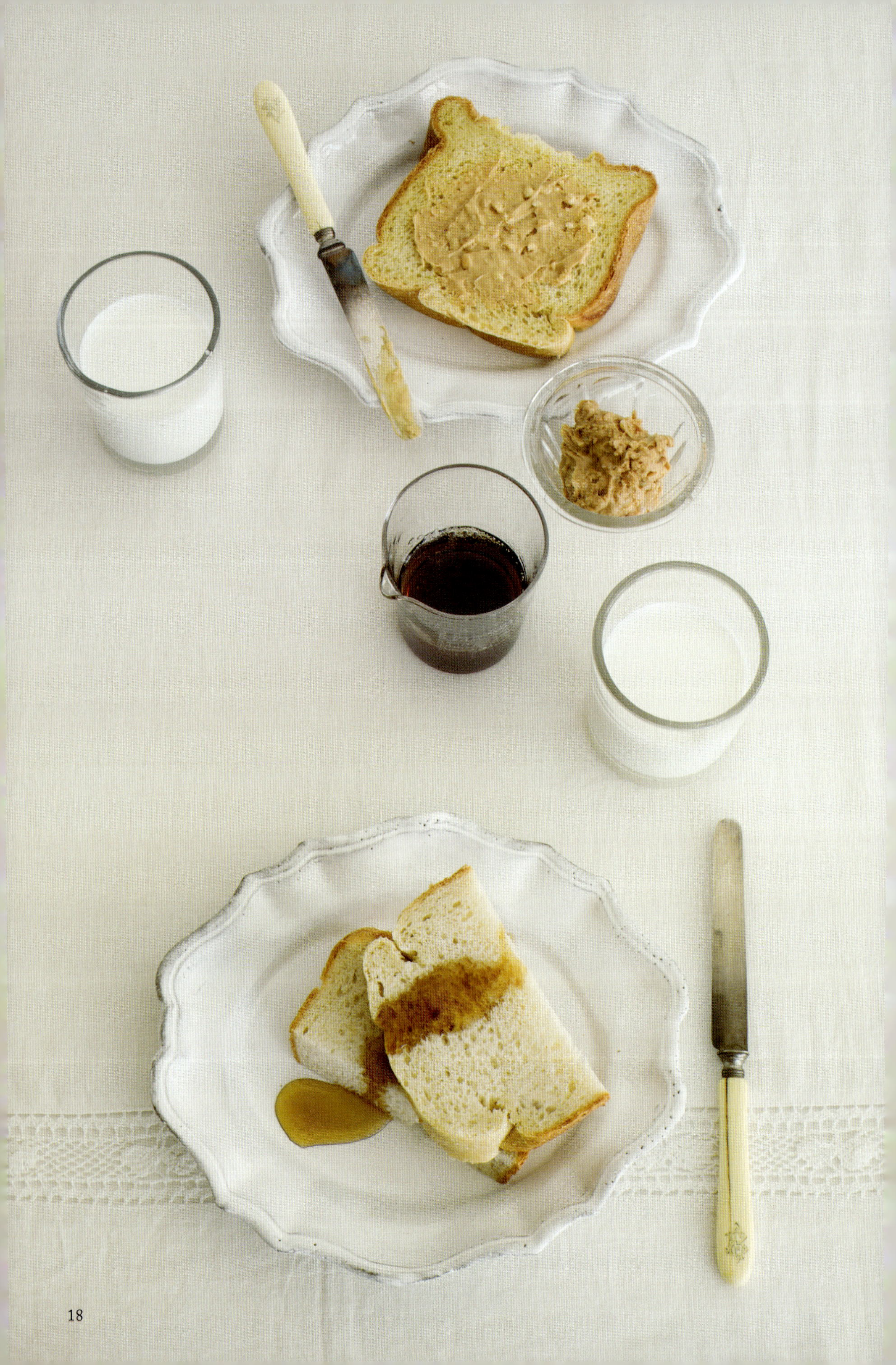

ピーナッツバターブレッド

シンプルパン

みんなが大好きな香ばしいピーナッツバターを、シンプル生地に合わせて

● 材料（1斤分）

A
- 小麦グルテン……50g
- ドライイースト……3g

B
- 白米220g＋水……423g
 （予約時の室温が低いときは、水を10g増やす）
- 砂糖……20g
- 塩……4g
- ピーナッツバター……55g

● 作り方

Aを自動投入ケース、Bを米パンケースに入れ、それぞれ本体にセットする（P11・1～3参照）。「米パン」キーを押し、「お米」→「食パンコース」を選び、スタートキーを押す。

メープルバターブレッド

ほろ苦いメープルシロップとバターを合わせて、コクのある味わい

● 材料（1斤分）

A
- 小麦グルテン……50g
- ドライイースト……3.5g

B
- 白米220g＋水……385g
 （予約時の室温が低いときは、水を10g増やす）
- 塩……3g
- 無塩バター……15g
- メープルシロップ……大さじ5

C
- メープルシロップ……大さじ1
- 無塩バター……6g

● 下準備

Bのメープルシロップを、よく冷やしておく。

● 作り方

1 鍋にCのメープルシロップ、バターを入れ、弱火で煮詰め、メープルバターシロップを作る。

2 Aを自動投入ケース、Bを米パンケースに入れ、それぞれ本体にセットする（P11・1～3参照）。「米パン」キーを押し、「お米」→「食パンコース」を選び、スタートキーを押す。

3 焼き上がったら米パンケースから取り出し、生地の表面にハケで**1**のメープルバターシロップを塗る（a）。

(a) メープルバターシロップは、パンの表面にまんべんなく塗りつける

いちごジャムブレッド

いちごの甘酸っぱい香りがほんのり。
トーストしてジャムとバターを添えて召し上がれ

● 材料（1斤分）

A
- 小麦グルテン……50g
- ドライイースト……3g

B
- 白米220g＋水……423g
  （予約時の室温が低いときは、水を10g増やす）
- 砂糖……20g
- 塩……4g
- 無塩バター……10g
- いちごジャム……55g

● 作り方
Aを自動投入ケース、Bを米パンケースに入れ、それぞれ本体にセットする（P11・1〜3参照）。「米パン」キーを押し、「お米」→「食パンコース」を選び、スタートキーを押す。

> シンプル
> パン

ふんわりクリーミーブレッド

生クリームとバターがた〜っぷり！
風味豊か、クリーミーな味わいに

● **材料**（1斤分）

A
- 小麦グルテン……50g
- ドライイースト……3g

B
- 白米220g＋水……400g
  （予約時の室温が低いときは、水を10g増やす）
- 生クリーム……35g
- 砂糖……20g
- 塩……4g
- 無塩バター……25g

● **下準備**
バター、生クリームはよく冷やしておく。

● **作り方**
Aを自動投入ケース、Bを米パンケースに入れ、それぞれ本体にセットする（P11・1〜3参照）。「米パン」キーを押し、「お米」→「食パンコース」を選び、スタートキーを押す。

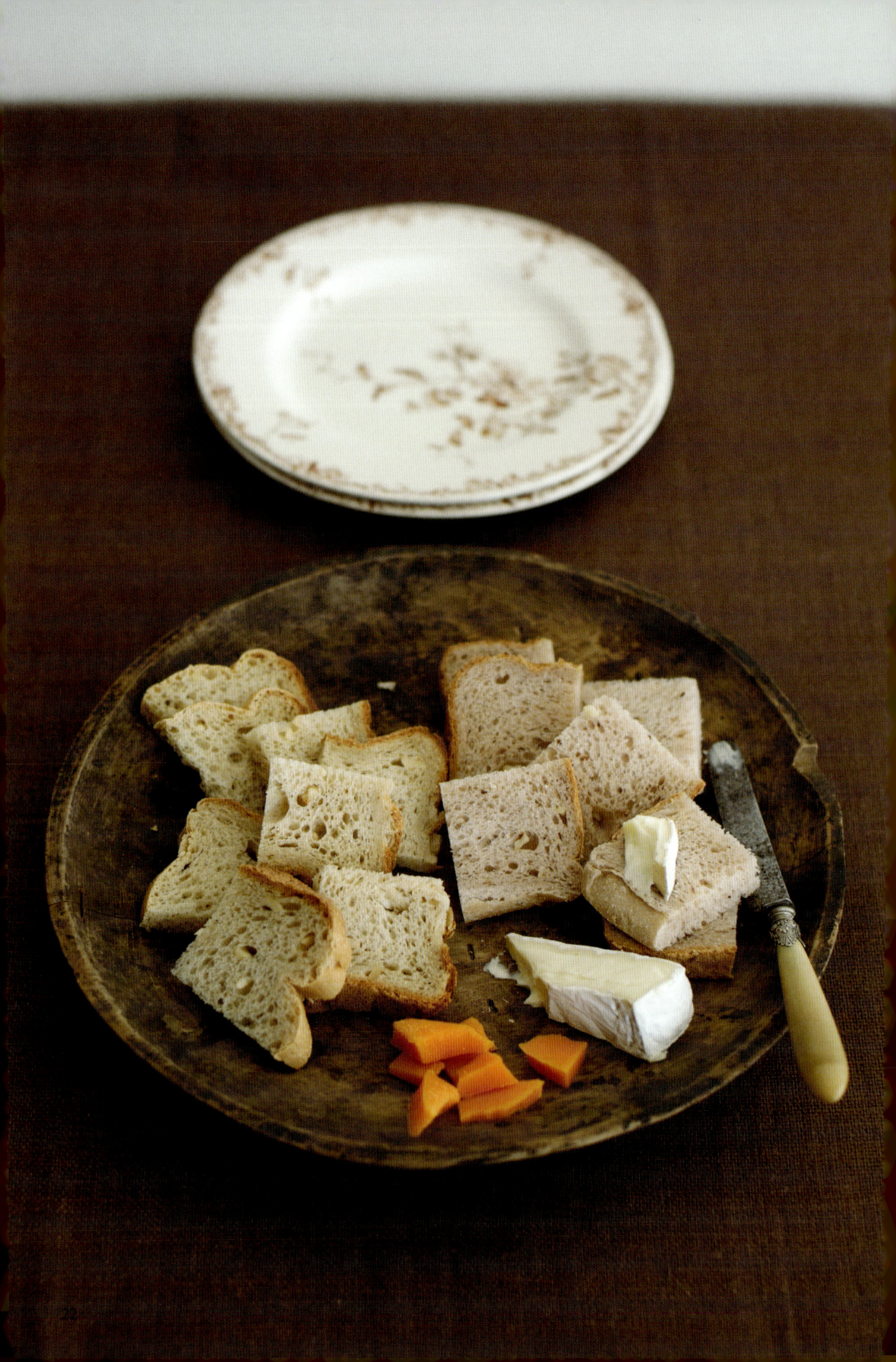

くるみとコーヒー漬けレーズンブレッド

シンプルパン

ほろりと苦いコーヒーの風味で大人味。好みのチーズと合わせてどうぞ

● 材料(1斤分)

A
- 小麦グルテン……50g
- ドライイースト……3g
- くるみ……20g
- レーズン……20g
- インスタントコーヒー……小さじ1
- 湯……大さじ1

B
- 白米220g+水……420g
  (予約時の室温が低いときは、水を10g増やす)
- 砂糖……20g
- 塩……4g
- 無塩バター……20g

● 作り方

1　Aのインスタントコーヒーを湯で溶き、レーズンを加える。冷蔵庫に置き、20分ほど漬ける。

2　Aのくるみは細かく刻む。1のレーズンは、キッチンペーパーなどで拭き取り、水分をしっかり切る。

3　Aをドライイースト→小麦グルテン→くるみ→レーズンの順に自動投入ケース、Bを米パンケースに入れ、それぞれ本体にセットする(P11・1～3参照)。「米パン」キーを押し、「お米」→「食パンコース」を選び、スタートキーを押す。

レーズンがコーヒーを吸って、ふっくらとしたら出来上がり

ナッツと紅茶漬けいちじくブレッド

香ばしいナッツの歯ごたえと紅茶風味のいちじくで、味わい深い仕上がりに

● 材料(1斤分)

A
- 小麦グルテン……50g
- ドライイースト……3g
- ナッツ……20g
- ドライいちじく……20g
- ティーバッグ(紅茶)……1個
- 湯……大さじ1

B
- 白米220g+水……420g
  (予約時の室温が低いときは、水を10g増やす)
- 砂糖……20g
- 塩……4g
- 無塩バター……15g

● 作り方

1　Aのティーバッグを湯に浸し、ドライいちじくを加える。ティーバッグは取り出さずに、冷蔵庫に置き、20分ほど漬ける。

2　Aのナッツは細かく刻む。1のドライいちじくは、キッチンペーパーなどで拭き取り、水分をしっかり切り、1cm角に切る。

3　Aをドライイースト→小麦グルテン→ナッツ→いちじくの順に自動投入ケース、Bを米パンケースに入れ、それぞれ本体にセットする(P11・1～3参照)。「米パン」キーを押し、「お米」→「食パンコース」を選び、スタートキーを押す。

紅茶の風味をいちじくにしっかり移すため、ティーバッグは入れたまま

ブロッコリーブレッド

野菜不足のときのお助けパン。サンド用にしたり、スープに添えても◎

● 材料(1斤分)

A
- 小麦グルテン……50g
- ドライイースト……3.5g

B
- 白米220g＋水……410g
  (予約時の室温が低いときは、水を10g増やす)
- 砂糖……16g
- 塩……4g
- 無塩バター……15g
- ブロッコリー……50g

● 作り方

1　Bのブロッコリーは塩茹でして、水気をしっかり切ってみじん切りにする(a)。
※フードプロセッサーでも可。

2　Aを自動投入ケース、Bを米パンケースに入れ、それぞれ本体にセットする(P11・1〜3参照)。「米パン」キーを押し、「お米」→「食パンコース」を選び、スタートキーを押す。

(a)加えるほうれん草やブロッコリーは、5mm角くらいに切る

にんじんブレッド

ヘルシーパン

子どもが敬遠しがちな野菜も、パンにすればパクパク食べられちゃいます

● **材料**(1斤分)

A │ 小麦グルテン……50g
  │ ドライイースト……3g

B │ 白米220g＋水……380g
  │ (予約時の室温が低いときは、水を10g増やす)
  │ にんじんジュース……60g
  │ 砂糖……16g
  │ 塩……4g
  │ 無塩バター……15g

● **下準備**

にんじんジュースはよく冷やしておく。

● **作り方**

Aを自動投入ケース、Bを米パンケースに入れ(b)、それぞれ本体にセットする(P11・1～3参照)。「米パン」→「お米」→「食パンコース」を選び、スタートキーを押す。

(b) 白米と水を380g用意してから、にんじんジュースを加える

ほうれん草ブレッド

色鮮やかなほうれん草を使い、栄養満点に。チーズの風味もたまらない

● **材料**(1斤分)

A │ 小麦グルテン……50g
  │ ドライイースト……3.5g

B │ 白米220g＋水……410g
  │ (予約時の室温が低いときは、水を10g増やす)
  │ 砂糖……16g
  │ 塩……4g
  │ 無塩バター……15g
  │ ほうれん草……50g

C │ パルメザンチーズ……大さじ1

● **作り方**

1　Bのほうれん草は塩ゆでして、水気をしっかり切ってみじん切りにする(P24(a))。
※フードプロセッサーでも可。

2　Aを自動投入ケース、Bを米パンケースに入れ、それぞれ本体にセットする(P11・1～3参照)。「米パン」キーを押し、「お米」→「食パンコース」を選び、スタートキーを押す。

3　「最終発酵」が終わり、「焼き」に入る直前(出来上がりの約50分前)に、電源は切らずにふたを開ける。生地の表面にCのパルメザンチーズを振りかけて、ふたを閉めて焼き上げる。

五穀ブレッド

雑穀のぷちぷちした食感がたまらない。素朴で飽きのこない味

● **材料**(1斤分)

A
- 小麦グルテン……50g
- ドライイースト……3g

B
- 白米190g＋五穀米40g＋水……440g
  (予約時の室温が低いときは、水を10g増やす)
- 砂糖……15g
- 塩……3g
- 無塩バター……15g

● **下準備**
五穀米は一晩吸水させる。

● **作り方**
Aを自動投入ケース、**B**を米パンケースに入れ、それぞれ本体にセットする(P11・1～3参照)。「米パン」キーを押し、「雑穀」→「食パンコース」を選び、スタートキーを押す。

おからふりかけパン

おからをたっぷり入れたヘルシーパン。
まるでごはんのような味わいで、お味噌汁にも合う！

ヘルシーパン

● **材料**(1斤分)

A
- 小麦グルテン……50g
- ドライイースト……3g
- 好みのふりかけ……4g

B
- 白米220g＋水……430g
  (予約時の室温が低いときは、水を10g増やす)
- おから……45g
- 砂糖……15g
- 塩……5g
- 無塩バター……15g

C
- 好みのふりかけ……適量
- 溶き卵※……適量

※溶き卵の代わりにオリーブオイルでも可。

● **作り方**

1　**A**をドライイースト→小麦グルテン→ふりかけの順に自動投入ケース、**B**を米パンケースに入れ、それぞれ本体にセットする(P11・1～3参照)。「米パン」キーを押し、「お米」→「食パンコース」を選び、スタートキーを押す。

2　「最終発酵」が終わり、「焼き」に入る直前（出来上がりの約50分前）に、電源は切らずにふたを開ける。生地の表面にハケで**C**の溶き卵を塗り、ふりかけを散らし、ふたを閉めて焼き上げる。

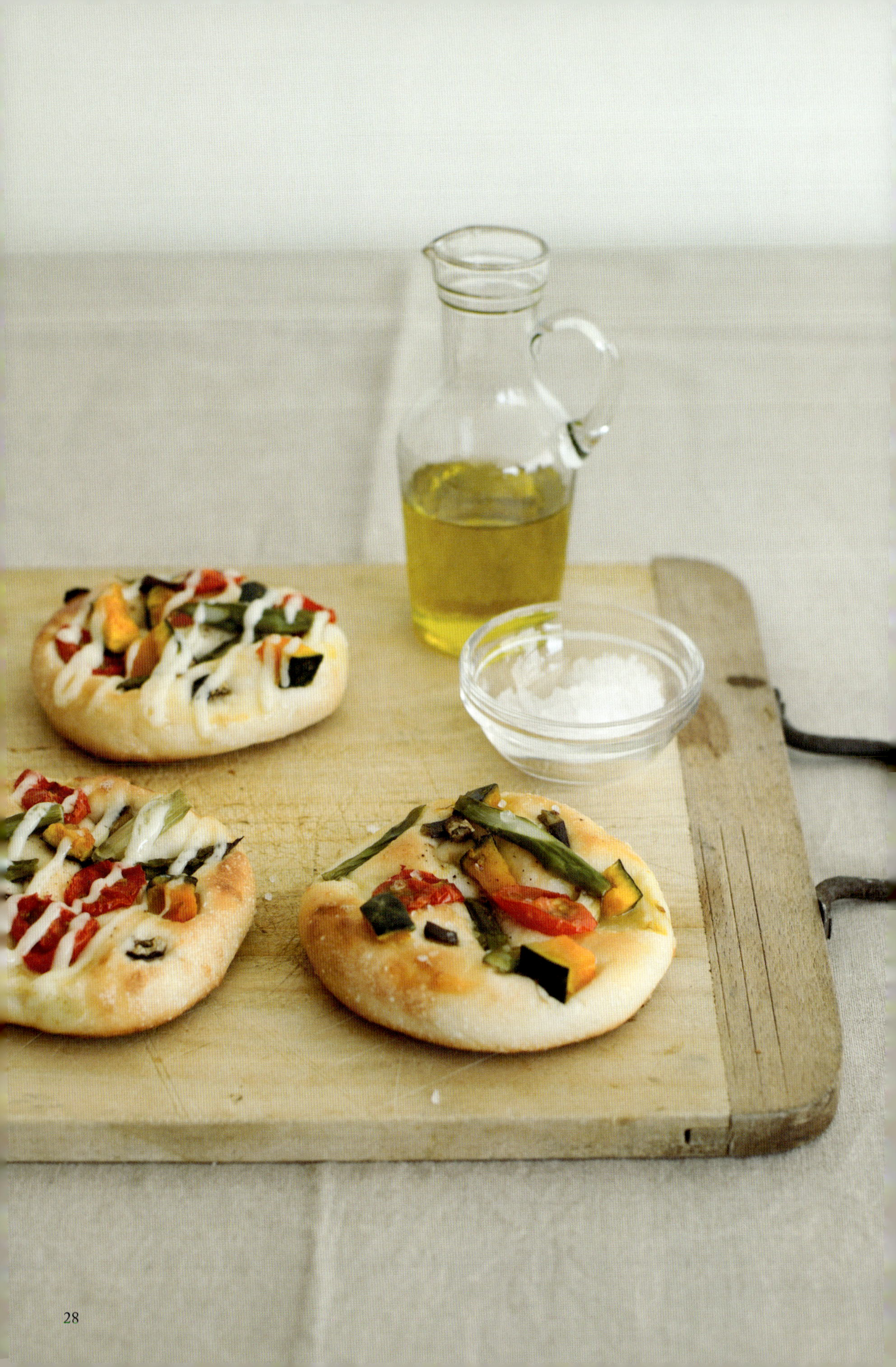

農園野菜パン

いろいろな野菜をトッピングした、見た目も楽しいミニピザ風パン

ヘルシーパン

● **材料**(6個分)

A
- 小麦グルテン……50g
- ドライイースト……3g

B
- 白米220g＋水……410g
  (予約時の室温が低いときは、水を10g増やす)
- 牛乳……20g
- 砂糖……16g
- 塩……4g
- 無塩バター……20g

C
- かぼちゃ……45g
- なす……45g
- アスパラガス……3本
- ミニトマト……6個
- オリーブオイル……適量
- 溶き卵……適量

オリーブオイル、岩塩、マヨネーズ
(お好みで)……各適宜

● **下準備**
オーブンを190℃に予熱しておく。

● **作り方**

1　**C**のかぼちゃ、なすは1cm角に切る。ミニトマトは半分に切り、アスパラガスは斜め半分に切り塩茹でする。野菜の表面にハケでオリーブオイルを塗る。

2　**A**を自動投入ケース、**B**を米パンケースに入れ、それぞれ本体にセットする(P11・1〜3参照)。「米パン生地」キーを押し、「お米」→「パン生地コース」を選び、スタートキーを押す。

3　アラームが鳴り、生地が出来上がったら、ふたを開けて生地を取り出す。

4　打ち粉をして生地を置き、膨らんだ生地の真ん中を、げんこつで軽く押さえてガスを抜く。

5　生地を6分割して、丸める。手のひらで包みこむように丸め、丸め終わりをしっかりとじる。

6　濡らしてから固く絞ったふきんをかけて10分寝かせる。

7　めん棒で直径9cmに伸ばし(a)、オーブンの天板に並べる。生地の表面が乾かないように、霧ふきをかける。

8　濡れぶきんをのせて室温で約15〜20分置く。

※室温は25〜30℃を想定。室温が20℃の場合は、20分ほどおく。

9　生地の表面にハケで溶き卵を塗り、**1**の野菜をトッピングする(b)。

10　190℃のオーブンで20分ほど焼く。お好みでオリーブオイル、岩塩、マヨネーズなどをかける。

(a) めん棒を奥へ押し出すように動かすと、生地がキレイにのびる

(b) 彩りを意識しながら、まんべんなく野菜をトッピングする

ヨーグルトブレッド

ヨーグルトを入れると、生地がなめらかに。
さわやかな酸味が食欲をそそる

● **材料**(1斤分)

A
- 小麦グルテン……50g
- ドライイースト……3g

B
- 白米+水……400g
  (予約時の室温が低いときは、水を10g増やす)
- プレーンヨーグルト……50g
- 砂糖……16g
- 塩……3g
- 無塩バター……16g

● **作り方**

Aを自動投入ケース、Bを米パンケースに入れ、それぞれ本体にセットする(P11・1〜3参照)。「米パン」キーを押し、「お米」→「食パンコース」を選び、スタートキーを押す。

豆乳きな粉パン

豆乳ときな粉のやさしい味わい。
ヘルシーでダイエットにも効果あり!?

ヘルシーパン

● 材料(1斤分)

A
- 小麦グルテン……50g
- ドライイースト……3g

B
- 白米+水……400g
  (予約時の室温が低いときは、水を10g増やす)
- 豆乳……50g
- 砂糖……20g
- 塩……3g
- 無塩バター……10g
- きな粉……20g

● 作り方

Aを自動投入ケース、Bを米パンケースに入れ、それぞれ本体にセットする(P11・1～3参照)。「米パン」キーを押し、「お米」→「食パンコース」を選び、スタートキーを押す。

パンプキン豆乳ブレッド

混ぜ込んだかぼちゃが、ほんのりとした甘さ。パンプキンシードの風味も香ばしい

● 材料(1斤分)

A
- 小麦グルテン……50g
- ドライイースト……3.5g

B
- 白米220g+水……405g
  (予約時の室温が低いときは、水を10g増やす)
- 豆乳……20g
- 砂糖……18g
- 塩……4g
- 無塩バター……16g
- かぼちゃ……40g

C
- パンプキンシード……適量
- 溶き卵……適量

● 作り方

1 Bのかぼちゃは2cm角に切り、600Wの電子レンジで2分半ほど加熱する。フォークなどで潰して冷蔵庫で冷やしておく。

2 Aを自動投入ケース、Bを米パンケースに入れ、それぞれ本体にセットする(P11・1～3参照)。「米パン」キーを押し、「お米」→「食パンコース」を選び、スタートキーを押す。

3 「最終発酵」が終わり、「焼き」に入る直前(出来上がりの約50分前)に電源は切らずにふたを開ける。生地の表面にハケでCの溶き卵を塗り、パンプキンシードを散らし、ふたを閉めて焼き上げる。

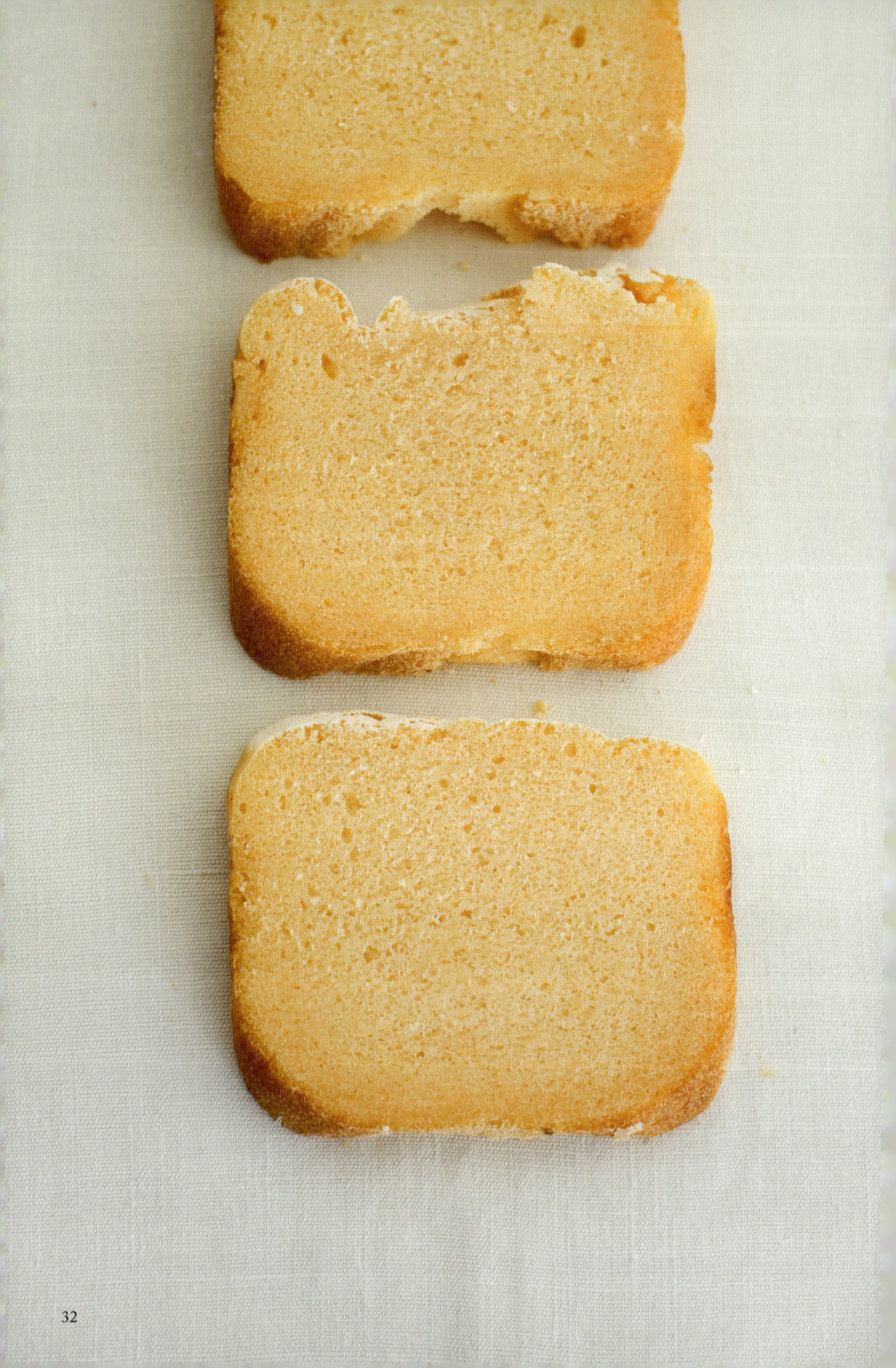

小麦ゼロ！ トマトパン

○ ヘルシーパン

お米パワーがぎっしり詰まったパン。生地が真っ白なので、トマト色が映える！

● **材料**(1斤分)

A
- 上新粉……80g
- ドライイースト……5g

B
- 白米320g＋水……570g
  (予約時の室温が低いときは、水を10g増やす)
- トマトジュース……70g
- 砂糖……32g
- 塩……7g
- オリーブオイル……12g

通常のお米パンの材料を、アンチアレルギー食品に変えて。バターの代わりにオリーブオイル、小麦グルテンの代わりに上新粉を使う

● **下準備**

トマトジュースはよく冷やしておく。

● **作り方**

Aを自動投入ケース、Bを米パンケースに入れ、それぞれ本体にセットする(P11・1〜3参照)。「米パン」キーを押し、「お米・小麦ゼロ」→「食パンコース」を選び、スタートキーを押す。

通常のお米パンとの違いは…？

上新粉で焼いたパン（左）と、小麦グルテン使用のパン（右）。膨らみに大きな違いが出るのが特徴

小麦ゼロ！ 豆腐パン

和食の定番食材、お米×豆腐をパンに。
和食のおかずにも合います

● 材料（1斤分）

A｜ 上新粉……80g
　｜ ドライイースト……5g

B｜ 白米320g＋水……620g
　｜（予約時の室温が低いときは、水を10g増やす）
　｜ 豆腐……40g
　｜ 砂糖……32g
　｜ 塩……7g
　｜ オリーブオイル……12g

● 作り方

1　豆腐はよく水気を切る。

2　Aを自動投入ケース、Bを米パンケースに入れ、それぞれ本体にセットする（P11・1～3参照）。「米パン」キーを押し、「お米・小麦ゼロ」→「食パンコース」を選び、スタートキーを押す。

ヘルシーパン

小麦ゼロ！ 黒米ブレッド

黒米を少し加えるだけで、こんなに鮮やかなパンが焼き上がりました

● **材料**（1斤分）

A
- 上新粉……80g
- ドライイースト……5g

B
- 白米300g＋水……660g
  （予約時の室温が低いときは、水を10g増やす）
- 黒米……30g
- 砂糖……32g
- 塩……7g
- オリーブオイル……12g

● **下準備**

黒米はボウルなどの容器に入れて、一晩吸水させておく。

※時間がない場合は黒米に水（大さじ2）を入れ、600Wの電子レンジで1分半ほど加熱し、冷やしておく。

● **作り方**

1　Aを自動投入ケース、Bを米パンケースに入れ、それぞれ本体にセットする（P11・1〜3参照）。「米パン」キーを押し、「お米・小麦ゼロ」→「食パンコース」を選び、スタートキーを押す。

column2

お米パンに合う手作りバター&ディップ

おいしいお米パンが焼けたら、合わせるディップやバターもぜひ手作りしてみましょう。
混ぜ合わせるだけの簡単レシピなのに、香りや風味が楽しめる本格的な味に。
ラップに包んで冷凍しておけば保存がきくので、常備するにもおすすめです。

1.アボカドディップ
アボカド(½個)、マヨネーズ(大さじ1)、レモン汁(大さじ1)、オリーブオイル(大さじ1)、カレースパイス(小さじ1)、塩・こしょう(各少々)を混ぜ合わせる。

2.手作りバター
生クリーム(200ml)をボウルに入れ、ハンドミキサーで混ぜる。ホイップクリーム状になっても混ぜ続け、水分が分離してぼそぼその状態になるまで混ぜ合わせる。お好みで塩やハーブなどを加える。

3.コーヒー漬けレーズンチーズ
インスタントコーヒー(小さじ1)とお湯(少々)を合わせてレーズン(大さじ1)を漬け、クリームチーズ(大さじ3)と混ぜ合わせる。

4.ゆかりディップ
クリームチーズ(大さじ3)、ゆかり(大さじ1)を混ぜ合わせる。

5.柚子こしょうディップ
柚子こしょう(小さじ1)、クリームチーズ(大さじ3)を混ぜ合わせる。
※柚子こしょうの辛さによって味は調整を。

6.明太子ディップ
クリームチーズ(大さじ3)、明太子(大さじ1)を混ぜ合わせる。
※明太子の辛さによって味は調整を。

7.ハーブ入りバター
バター(適量)を常温に戻し、細かく刻んだハーブ(イタリアンパセリ、バジル、タイムなど、適量)を混ぜる。お好みで塩、ブラックペッパーを加える。
※バターの代わりに、サワークリーム、クリームチーズもおすすめ。
※ハーブの代わりに、にんじんの葉、ルッコラなどでもOK。

おもてなしやプレゼントにぴったり

リッチパン、スイーツパン

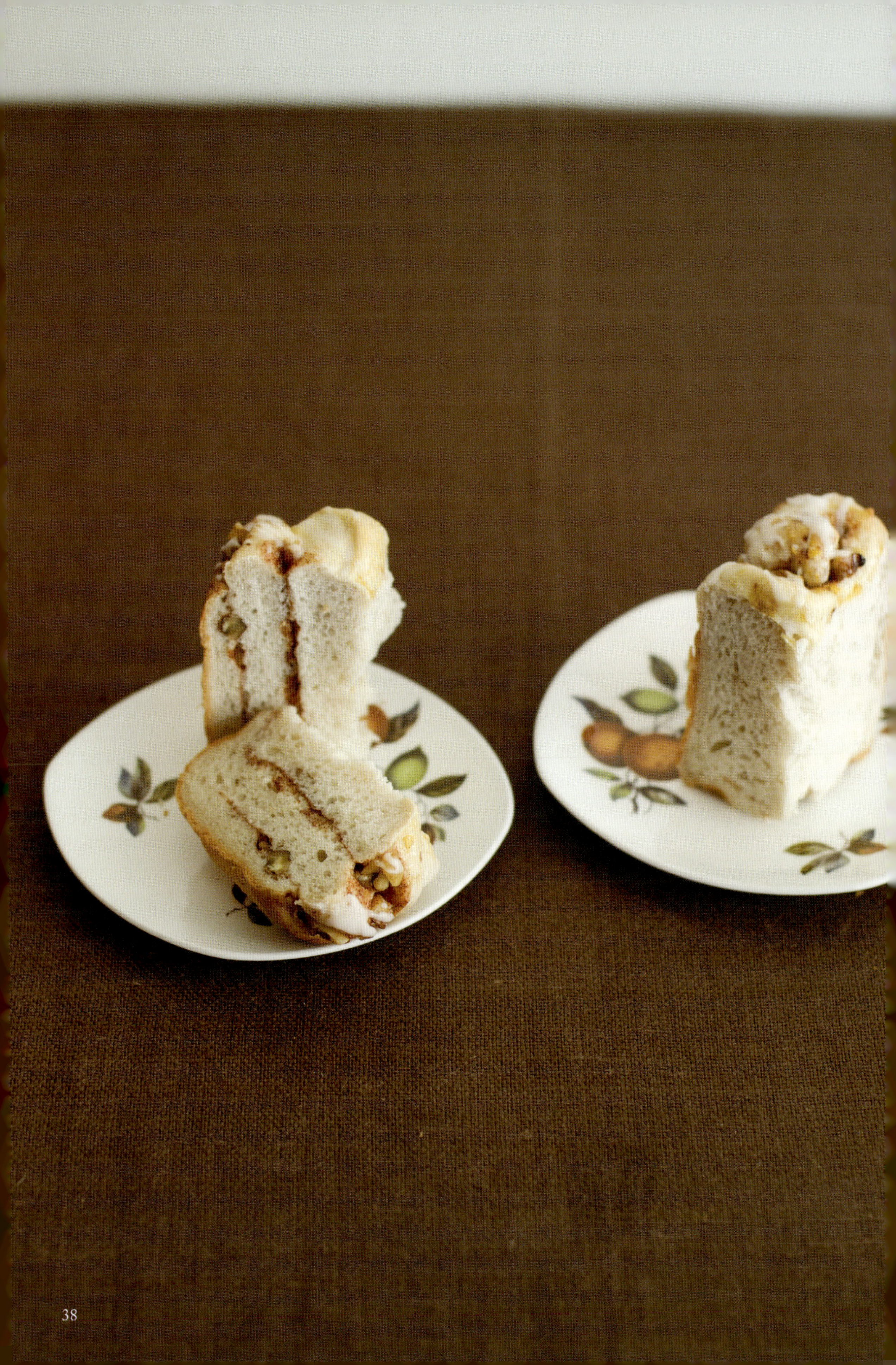

シナモンロール

風味豊かなシナモンを効かせたパンを、アイシングでかわいくデコレーション

リッチパン

● 材料(1斤分)

A
- 小麦グルテン……50g
- ドライイースト……3g

B
- 白米220g＋水……420g
  (予約時の室温が低いときは、水を10g増やす)
- 砂糖……30g
- 塩……4g
- 無塩バター……20g
- シナモンパウダー……1g

C
- シナモンパウダー……小さじ2
- グラニュー糖……大さじ3
- くるみ……60g
- 粉砂糖……大さじ5
- ぬるま湯……小さじ1〜2

● 作り方

1　Cのシナモンパウダー、グラニュー糖を混ぜ、シナモンシュガーを作る。くるみはオーブントースターで2分ほどローストし、みじん切りにする。

2　Aを自動投入ケース、Bを米パンケースに入れ、それぞれ本体にセットする(P11・1〜3参照)。「米パン」キーを押し、「お米」→「食パンコース」を選び、スタートキーを押す。

3　ボウルにCの粉砂糖を入れ、ぬるま湯を加えながら混ぜ合わせ、アイシングを作る。垂れるぐらいのやわらかさになったらOK。

4　「こね」が終わり、「発酵」に入る直前(出来上がりの約115分前)に、電源は切らずにふたを開けて生地を取り出す。めん棒で縦35cm、横20cmに伸ばす。

5　1のシナモンシュガーを振りかけ、くるみをのせて(a)、手前からくるくると巻く。4等分に切り、断面を上にして、巻き終わりが中心になるように、羽根を外したパンケースに入れ、ふたを閉めてそのまま焼き上げる。

6　パンが冷めたら、3のアイシングをかける。

(a) くるみは生地の上にまんべんなく散らすと、仕上がりがキレイ

抹茶ラテパン

抹茶とミルク……人気の組み合わせをそのままパンにしちゃいました

● **材料**(1斤分)

A
- 小麦グルテン……50g
- ドライイースト……3g

B
- 白米220g+水……400g
  (予約時の室温が低いときは、水を10g増やす)
- 牛乳……40g
- 砂糖……25g
- 塩……4g
- 無塩バター……16g
- 抹茶……8g

● **作り方**

Aを自動投入ケース、Bを米パンケースに入れ、それぞれ本体にセットする(P11・1〜3参照)。「米パン」キーを押し、「お米」→「食パンコース」を選び、スタートキーを押す。

スイートポテト黒ごまブレッド

ゴロゴロと入ったさつまいもに、香ばしいごま入り生地が相性ぴったり

リッチパン

● **材料**(1斤分)

A
- 小麦グルテン……50g
- ドライイースト……3g
- 黒ごま……5g

B
- 白米220g＋水……410g
  (予約時の室温が低いときは、水を10g増やす)
- 砂糖……25g
- 塩……4g
- 無塩バター……15g
- 黒ごま……10g

C
- さつまいも……100g
- 砂糖……大さじ1
- しょうゆ……小さじ1
- みりん……大さじ1
- 黒ごま……5g

● **作り方**

1 Cのさつまいもを2cm角に切って茹で、砂糖、しょうゆ、みりんで煮詰める。生地用の30g、練り込み用の70gに分ける。

2 Aを自動投入ケース、Bと1のさつまいも(30g)を米パンケースに入れ、それぞれ本体にセットする(P11・1～3参照)。「米パン」キーを押し、「お米」→「食パンコース」を選び、スタートキーを押す。

3 「こね」が終わり、「発酵」に入る直前(出来上がりの約115分前)に、電源は切らずにふたを開けて生地を取り出す。めん棒で縦35cm、横12cmに伸ばす。

4 生地に1のさつまいも(70g)をのせ、手前からくるくると巻く。周囲にCの黒ごまを振り、パンケースより小さめになるよう形をととのえる。巻き終わりを下にして羽根を外したパンケースに入れ、ふたを閉めてそのまま焼き上げる。

焼きカマンベールチーズパン

とろとろチーズをたっぷりのせて。
ペッパーのアクセントがポイント

● **材料**(1斤分)

A
- 小麦グルテン……50g
- ドライイースト……4g

B
- 白米220g＋水……395g
  (予約時の室温が低いときは、水を10g増やす)
- 牛乳……30g
- 砂糖……16g
- 塩……5g
- 無塩バター……18g
- カマンベールチーズ……50g
- ブラックペッパー……1g

C
- カマンベールチーズ……50g

● **作り方**

1　カマンベールチーズは、Bは2cm大、Cは幅1cmに切る。

2　Aを自動投入ケース、Bを米パンケースに入れ、それぞれ本体にセットする(P11・1〜3参照)。「米パン」キーを押し、「お米」→「食パンコース」を選び、スタートキーを押す。

3　焼き上がったら米パンケースから取り出し、Cのカマンベールチーズをのせて、余熱で溶かす。

リッチパン

ハニージンジャーブレッド

ほんのり刺激的なしょうがの香りと、
甘いはちみつでちょっぴり大人な味に

● **材料**(1斤分)

A ｜ 小麦グルテン……50g
　｜ ドライイースト……4g

B ｜ 白米220g＋水……400g
　　（予約時の室温が低いときは、水を10g増やす）
　｜ 砂糖……15g
　｜ 塩……4g
　｜ 無塩バター……16g
　｜ はちみつ……大さじ4
　｜ しょうがのすりおろし※……5g
　※チューブ入りのしょうがでも可。

● **下準備**
はちみつは溶けにくいタイプの場合、熱湯（少々）とよく混ぜ合わせて、よく冷やしておく。

● **作り方**
Aを自動投入ケース、Bを米パンケースに入れ、それぞれ本体にセットする（P11・1～3参照）。「米パン」キーを押し、「お米」→「食パンコース」を選び、スタートキーを押す。

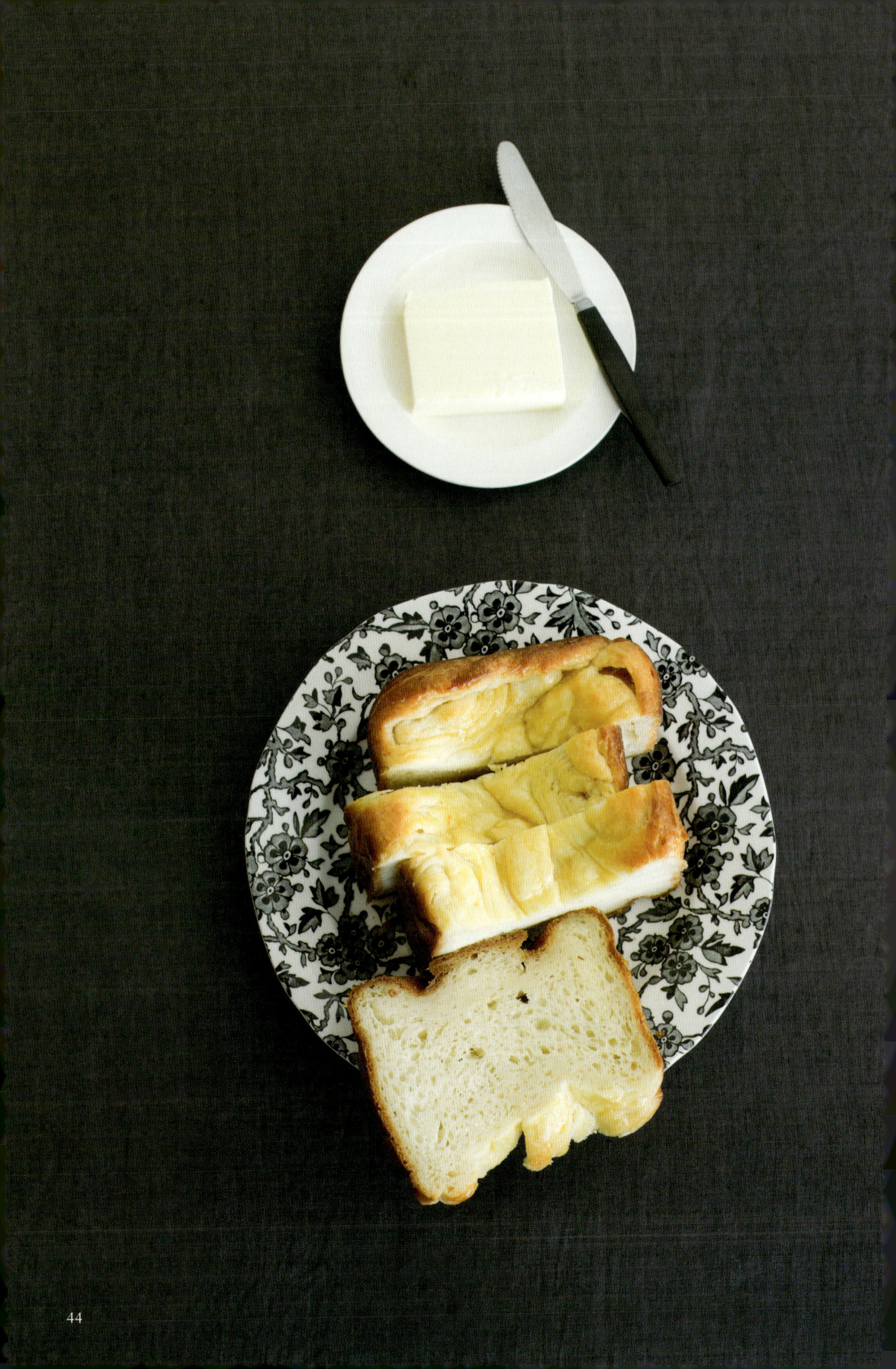

デニッシュ食パン

リッチパン

バターを折り込んだリッチな味わい。ちょっとトーストすると香ばしさがアップ

● 材料(1斤分)

A
- 小麦グルテン……50g
- ドライイースト……3g

B
- 白米220g＋水……400g
  (予約時の室温が低いときは、水を10g増やす)
- 砂糖……25g
- 塩……4g
- 無塩バター……30g
- 卵……25g

C
- 無塩バター……90g

● 作り方

1 Cのバターは室温に戻してビニール袋に入れ、めん棒で縦16cm、横16cmに伸ばし、冷蔵庫に入れる。

2 Aを自動投入ケース、Bを米パンケースに入れ、それぞれ本体にセットする(P11・1～3参照)。「米パン」キーを押し、「お米」→「食パンコース」を選び、スタートキーを押す。

3 「こね」が終わり、「発酵」に入る直前(出来上がりの約115分前)に、電源は切らずにふたを開けて生地を取り出す。めん棒で縦21cm、横21cmに伸ばす。

4 生地の中央に1のバターをのせて包み(a)、縦20cm、横40cmに伸ばす。生地を三つ折にしてラップで包み(b)、冷凍庫で1分ほど冷やす。生地を冷凍庫から取り出し、90度向きを変えて、縦20cm、横40cmに伸ばす。生地を三つ折にして、生地を冷凍庫で1分ほど冷やす。

5 生地を冷凍庫から取り出し、縦35cm、横20cmに伸ばし、手前からくるくると巻く。4等分に切り、断面を上にして、巻き終わりが中心になるように、羽根を外したパンケースに入れ、ふたを閉めてそのまま焼き上げる。

(a) 伸ばした生地の上にバターを置き、左右から畳んで包む

(b) 奥の生地を折り、手前の生地を折って三つ折にする

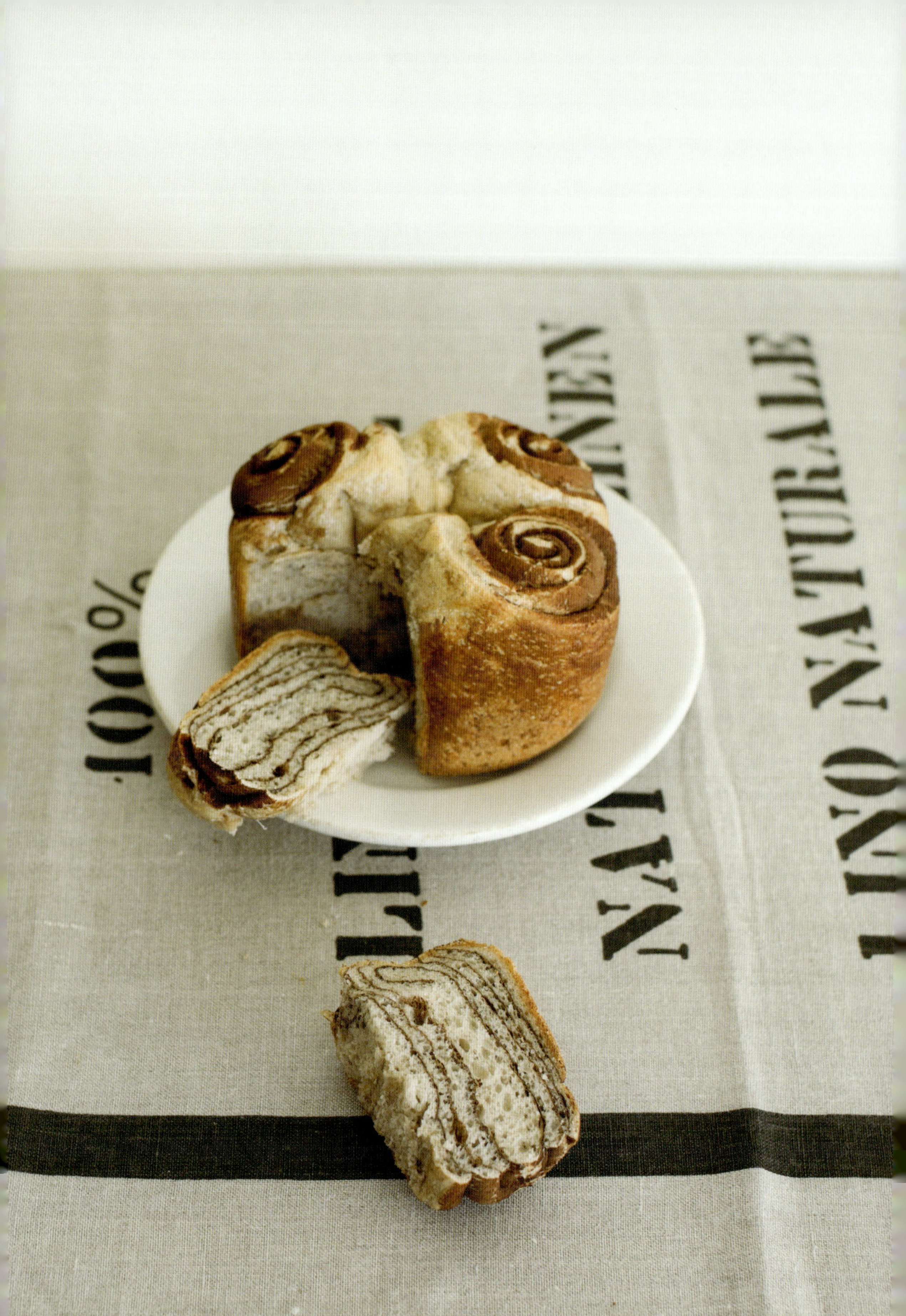

ココアマーブルブレッド

とってもキュート！ みんなが大好きな食パンもGOPANなら簡単に作れます

● 材料(1斤分)

A
- 小麦グルテン……50g
- ドライイースト……3g

B
- 白米220g＋水……420g
 (予約時の室温が低いときは、水を10g増やす)
- 砂糖……30g
- 塩……4g
- 無塩バター……16g
- ココアパウダー……2g
- バニラエッセンス……3滴

C ココアパウダー……10g

● 作り方

1 **A**を自動投入ケース、**B**を米パンケースに入れ(a)、それぞれ本体にセットする(P11・1〜3参照)。「米パン」キーを押し、「お米」→「食パンコース」を選び、スタートキーを押す。

2 「こね」が終わり、「発酵」に入る直前(出来上がりの約115分前)に、電源は切らずにふたを開けて生地を取り出す。めん棒で縦35cm、横20cmに伸ばす。

3 生地の横幅2cmを残して**C**のココアパウダーを振りかけ、手前からくるくると巻く。4等分に切り、断面を上にして、巻き終わりが中心になるように羽根を外したパンケースに入れ、ふたを閉めてそのまま焼き上げる。

(a) お米と水を入れたパンケースに、ココアパウダーを振り入れ、砂糖や塩などを加える

リッチパン

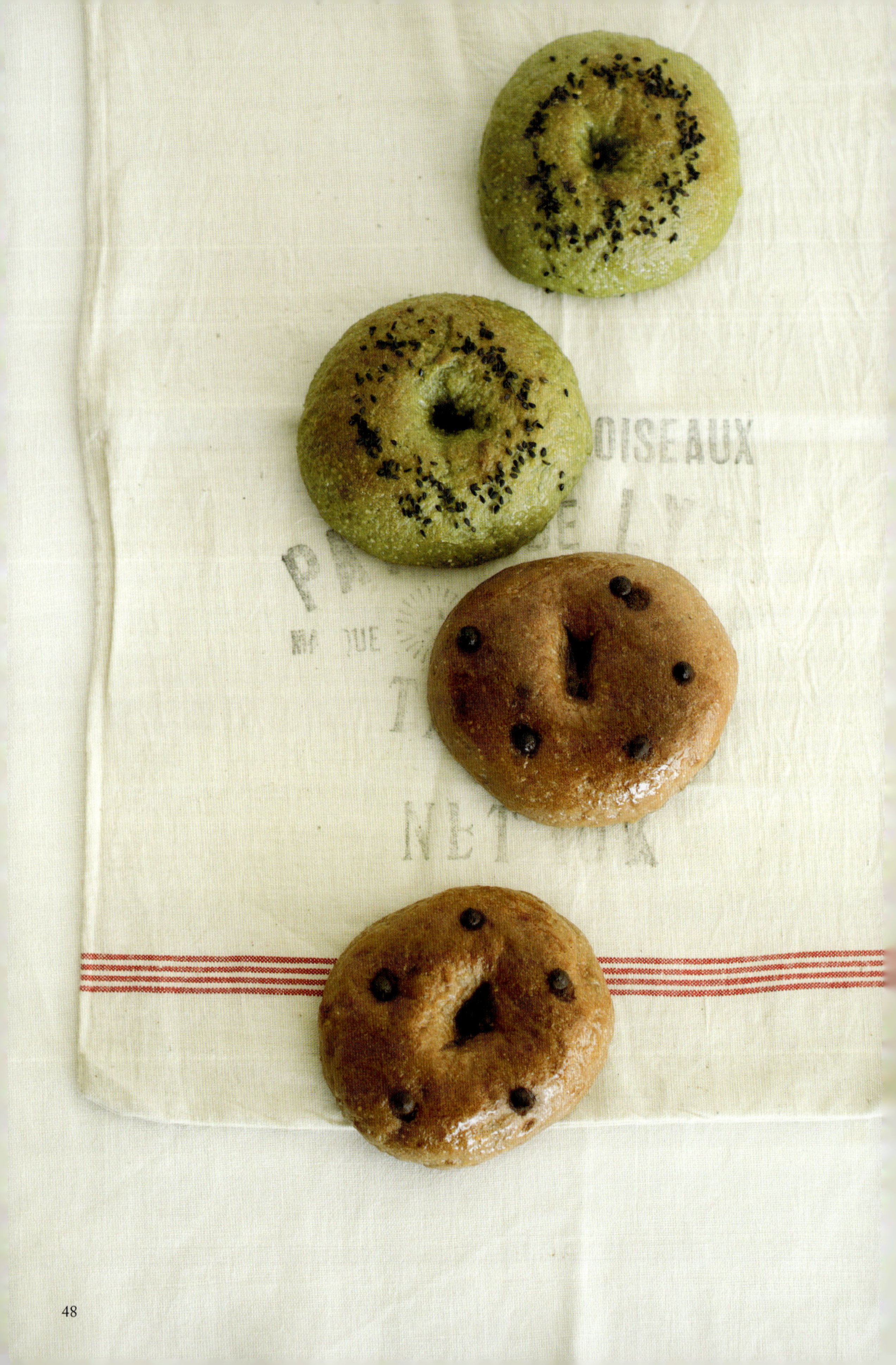
OISEAUX

抹茶ベーグル

スイーツパン

お米生地ならではのもちもち感は、ベーグルにぴったり！ 上品な抹茶味はいかが？

● **材料**(5個分)

A
- 小麦グルテン……50g
- ドライイースト……3g

B
- 白米220g＋水……425g
  (予約時の室温が低いときは、水を10g増やす)
- 砂糖……25g
- 塩……4g
- 抹茶……7g

C
- 水……2リットル
- はちみつ……大さじ2
- 黒ごま……20g

● **下準備**

オーブンを210℃に余熱しておく。10cm四方にカットしたオーブンシートを5枚用意しておく。

● **作り方**

1　Aを自動投入ケース、Bを米パンケースに入れ、それぞれ本体にセットする(P11・1～3参照)。「米パン生地」キーを押し、「お米」→「パン生地コース」を選び、スタートキーを押す。

2　アラームが鳴り、生地が出来上がったら、ふたを開けて生地を取り出す。生地を5分割して丸め、濡らして固く絞ったふきんをのせて5分ほど寝かせる。

3　生地の中央に指で穴を開け、両方の指を差し込んでまわし(a)(b)、ドーナツ状にする。カットしたオーブンシートにのせ、濡れぶきんをのせて室温で15～20分おく。
※生地が膨らみやすいので、開ける穴は大きめにしておくのがポイント。
※室温は25～30℃を想定。室温が20℃の場合は、20分ほどおく。

4　Cの水を80℃に沸かし、はちみつを入れて弱火にして、オーブンシートごと生地を入れる。片面20秒ずつ茹でて水気を切り、すぐに黒ごまをトッピングして、210℃のオーブンで15分ほど焼く。

(a) 丸めた生地の中心に、人差し指をまっすぐ押し込む

(b) 2本の人差し指で生地を回転させながら、穴を広げていく

チョコベーグル

人気のチョコレート味。生地作りまではGOPANにお任せだからラク！

● **材料**(5個分)

A
- 小麦グルテン……50g
- ドライイースト……3g

B
- 白米220g＋水……430g
  (予約時の室温が低いときは、水を10g増やす)
- 砂糖……25g
- 塩……4g
- ココア……10g

C
- 水……2リットル
- はちみつ……大さじ2
- チョコレートチップ……適量

● **下準備**

オーブンを210℃に余熱しておく。10cm四方にカットしたオーブンシートを5枚用意しておく。

● **作り方**

抹茶ベーグルと同様。ただし4で黒ごまではなく、チョコレートチップをトッピングする。

宇治抹茶あんこパン

抹茶とあんこで、まるで和菓子のように楽しめるお米パンの完成

● **材料**（1斤分）

A
- 小麦グルテン……50g
- ドライイースト……3g

B
- 白米220g＋水……425g
  （予約時の室温が低いときは、水を10g増やす）
- 黒糖……25g
- 塩……4g
- 無塩バター……10g
- 抹茶……8g

C
- 粒あん……100g

● **作り方**

1　Aを自動投入ケース、Bを米パンケースに入れ、それぞれ本体にセットする（P11・1～3参照）。「米パン」キーを押し、「お米」→「食パンコース」を選び、スタートキーを押す。

2　「こね」が終わり、「発酵」に入る直前（出来上がりの約115分前）に、電源は切らずにふたを開けて生地を取り出す。めん棒で縦35cm、横20cmに伸ばす。

3　生地の横幅2cmを残してCの粒あんをのせ、手前からくるくると巻く(a)。4等分に切り、断面を上にして、巻き終わりが中心になるように羽根を外したパンケースに入れ、ふたを閉めてそのまま焼き上げる。

(a) 手前から奥へ向かって、生地をきつめに巻き上げていく

Wチョコブレッド

スイーツパン

生地にもトッピングにもチョコレートがたっぷり。バレンタインにもおすすめ

● **材料**(1斤分)

A
- 小麦グルテン……50g
- ドライイースト……4g
- チョコレート(チョコチップでもOK)……30g

B
- 白米220g＋水……430g
  (予約時の室温が低いときは、水を10g増やす)
- 黒糖……35g
- 塩……4g
- 無塩バター……16g
- ココア……10g

C
- チョコレート……10g

● **作り方**

1　Aを自動投入ケース、Bを米パンケースに入れ、それぞれ本体にセットする(P11・1〜3参照)。「米パン」キーを押し、「お米」→「食パンコース」を選び、スタートキーを押す。

2　Cのチョコレートを刻み、冷蔵庫で冷やしておく。

3　焼き上がったら米パンケースから取り出し、2のチョコレートを振りかけ、余熱で溶かす。

バナナブレッド

バナナにぴったりの黒糖を使うのがポイント。
ココア生地ともよく合います

● 材料（1斤分）

A
- 小麦グルテン……50g
- ドライイースト……4g

B
- 白米220g＋水……410g
  （予約時の室温が低いときは、水を10g増やす）
- 黒糖……40g
- 塩……4g
- 無塩バター……15g
- バナナ（あれば完熟）……80g
- レモン汁……小さじ1
- ココア……5g

C
- バナナ（あれば完熟）……適量
- レモン汁……小さじ1

● 作り方

1　バナナは皮をむき、Bは薄切り、Cは厚さ5mmに切り、どちらもレモン汁をかける。

2　Aを自動投入ケース、Bを米パンケースに入れ、それぞれ本体にセットする（P11・1〜3参照）。「米パン」キーを押し、「お米」→「食パンコース」を選び、スタートキーを押す。

3　「発酵」が終わり、「焼き」に入る直前（出来上がりの約50分前）にふたを開け、Cのバナナをトッピングして、ふたを閉めてそのまま焼き上げる。

スイーツパン

塩キャラメルパン

ほんのり塩味の効いたキャラメル風味で、
パンがおやつに早変わり

● 材料(1斤分)

A
- 小麦グルテン……50g
- ドライイースト……3g

B
- 白米220g＋水……416g
  (予約時の室温が低いときは、水を10g増やす)
- 砂糖……25g
- 塩……4g
- 無塩バター……10g
- キャラメル……50g

C
- キャラメル……20g
- 牛乳……6g
- 岩塩……適量

● 作り方

1　Aを自動投入ケース、Bを米パンケースに入れ、それぞれ本体にセットする(P11・1〜3参照)。「米パン」キーを押し、「お米」→「食パンコース」を選び、スタートキーを押す。

2　耐熱容器にCのキャラメル、牛乳を入れて600Wの電子レンジで1分ほど加熱し、岩塩で味をととのえる。

3　焼き上がったら米パンケースから取り出し、2の塩キャラメルソースをかける。

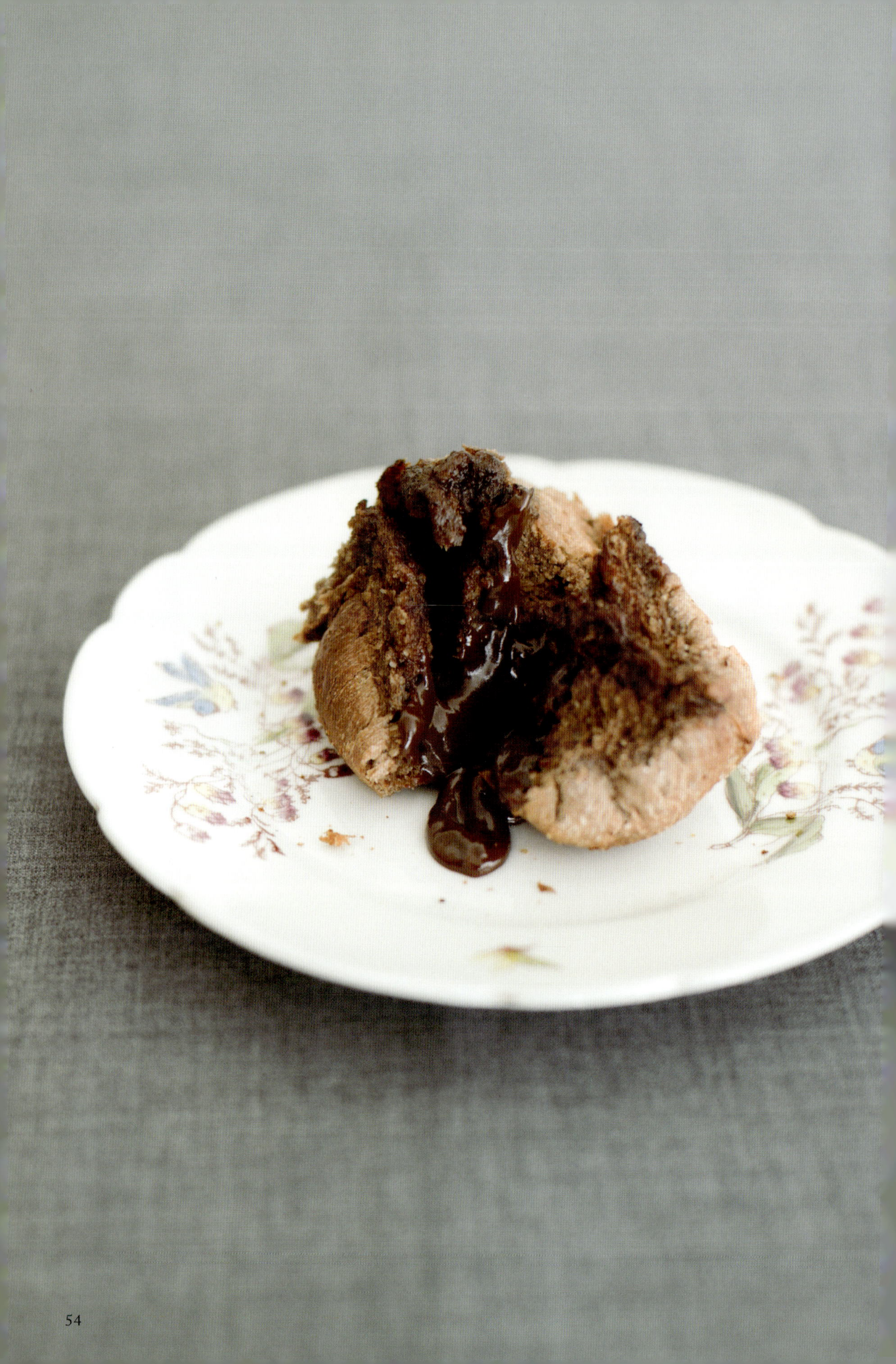

とろけるフォンダンショコラパン

スイーツパン

中にとろ〜りチョコをとじ込めました。生クリームやいちごを添えて召し上がれ

● 材料(5個分)

A
- 小麦グルテン……50g
- ドライイースト……3g

B
- 白米220g＋水……430g
  (予約時の室温が低いときは、水を10g増やす)
- 砂糖……40g
- 塩……4g
- 無塩バター……16g
- ココアパウダー……10g

C
- 板チョコレート……60g
- 生クリーム……60ml
- バター……15g
- コアントロー……小さじ1

● 作り方

1 **A**を自動投入ケース、**B**を米パンケースに入れ、それぞれ本体にセットする(P11・1〜3参照)。「米パン」キーを押し、「お米」→「食パンコース」を選び、スタートキーを押す。

2 **C**の板チョコレートは細かく刻む。耐熱容器に生クリームを入れ、600Wの電子レンジで1分加熱し、チョコレート、バターを加えてよく混ぜ合わせる。コアントローを加え、ボウルの底を氷水にあてながら、泡立てる。白っぽく固くなったらラップで包み、ナイフで塗れるぐらいのやわらかさになるまで冷凍庫で1時間以上冷やす。

3 「こね」が終わり、「発酵」に入る直前(出来上がりの約115分前)に生地を取り出す。生地を5分割して丸め、表面にナイフなどで切れ込みを入れ、**2**のチョコガナッシュを5等分して入れ込む(a)。

4 4つの生地を縦横2個ずつの正方形に置き、中心に生地を1つのせる(b)。パンケースに入れ、そのまま焼き上げる。

※食べるときは、1個ずつ分ける。温め直すときは、電子レンジを使うとチョコレートがとろけておいしくなる。

(a) 生地同士をつまむようにしながら、チョコガナッシュを包む

(b) まずは丸めた生地を4つ並べ、中心に1つのせればOK

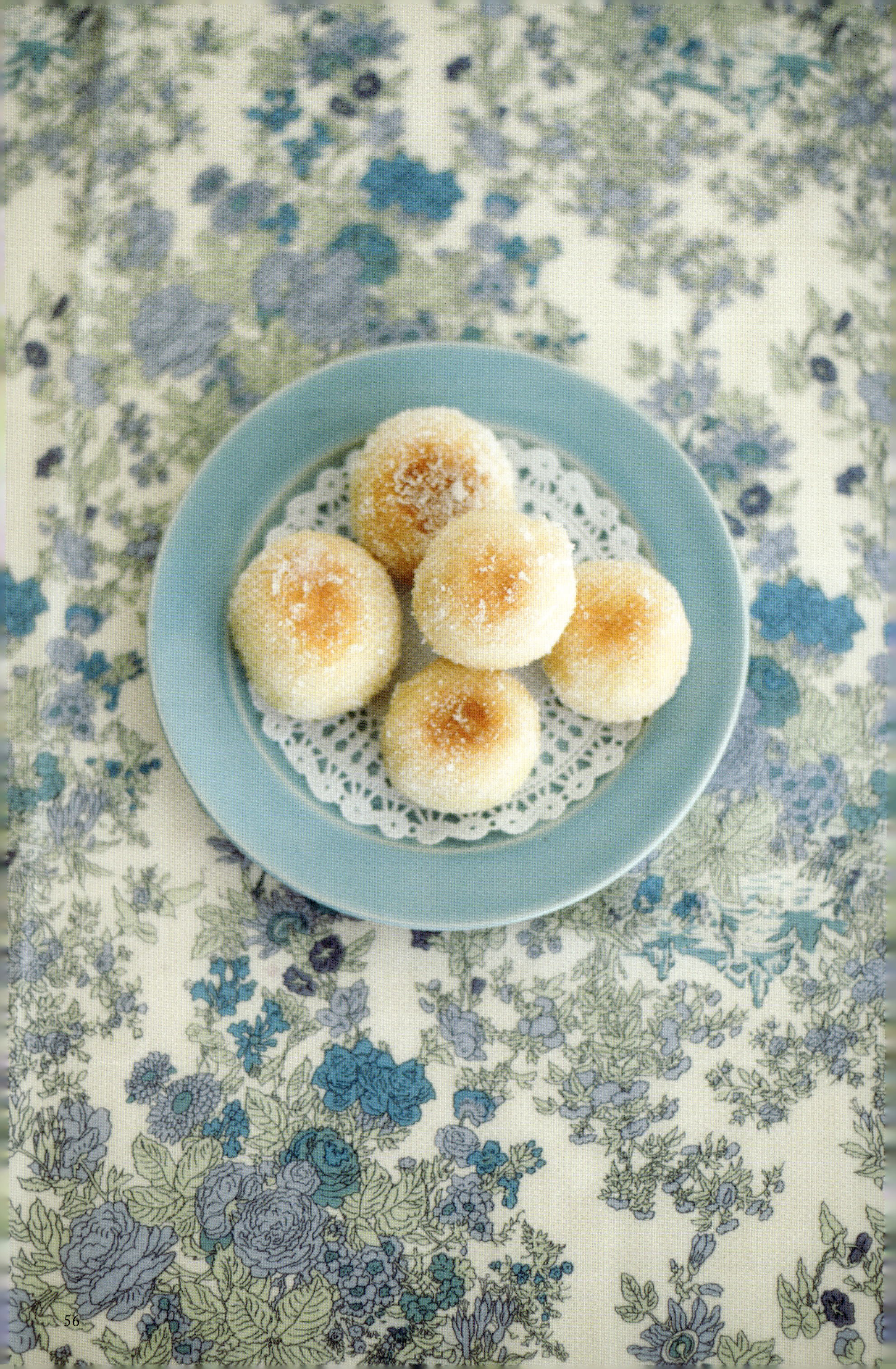

マラサダ

スイーツパン

ハワイ風の揚げドーナツ。もっちもちの食感で、いくらでも食べられそう！

● **材料**（12個分）

A
- 小麦グルテン……50g
- ドライイースト……3g

B
- 白米220g＋水……400g
  （予約時の室温が低いときは、水を10g増やす）
- 溶き卵……30g
- 砂糖……30g
- 塩……4g
- 無塩バター……20g

C
- グラニュー糖……大さじ3
- サラダ油……適量

● **作り方**

1　Aを自動投入ケース、Bを米パンケースに入れ、それぞれ本体にセットする（P11・1〜3参照）。「米パン」キーを押し、「お米」→「米パン生地コース」を選び、スタートキーを押す。

2　アラームが鳴り、生地が出来上がったら、ふたを開けて生地を取り出す。生地を12分割し、濡らして固く絞ったふきんをのせて10分ほど寝かせる。

3　生地を丸め（a）、濡れぶきんをのせて室温で15分おく。
※室温は25〜30℃を想定。室温が20℃の場合は、20分ほどおく。

4　生地をCの170℃に熱した油でうっすらきつね色になるまで揚げ、グラニュー糖をまぶす（b）。

トッピングバリエーション

シナモンシュガー
シナモンパウダー（小さじ1）、グラニュー糖（大さじ2）

チョコデコレーション
チョコペン（適量）

(a) 手のひらの上で転がすようにしながら、丸く形をととのえる

(b) 生地がやや熱いうちに、グラニュー糖をまんべんなくまぶすのがポイント

| スイーツアレンジ |

かんたんトライフル

思い立ったらすぐ作れるキュートなデザート。おもてなしにぴったりです

● **材料**(2人分)
基本のお米パン(P10～11参照)
　厚さ2cm……1枚
紅茶のティーバッグ……1個
湯……100ml
砂糖……大さじ1
コアントロー
　(バニラエッセンスでもOK)
　……適量

いちご……6個
キウイフルーツ……½個
ブルーベリー……10粒
オレンジ……½個
生クリーム……100ml
砂糖……大さじ2
バニラエッセンス……2、3滴
ミントの葉……1枚

● **作り方**
1　お米パンは耳をカットし、2cm角に切る。ボウルに紅茶のティーバッグ、湯、砂糖、コアントローを入れて、お米パンを漬ける。
2　生クリームをボウルに入れて砂糖、バニラエッセンスを加え、ボウルの底を氷水にあてながら、角が立つまで泡立てる。
3　いちご、キウイフルーツ、オレンジを一口大に切り、1のお米パン、ブルーベリーと一緒に盛り、2の生クリームをのせる。いちご、ブルーベリー、ミントを飾る。

お米パンプディング

レーズンとコーヒー、2つの味が楽しめます。冷やしてもおいしい

● **材料**(4人分)
基本のお米パン(P10〜11参照)
　厚さ2cm……2枚
卵……2個
グラニュー糖……40g
コアントロー……3滴
牛乳……200ml
生クリーム……100ml
バター……10g

レーズンプディング(写真上)
　レーズン……10g
　インスタントコーヒー……小さじ1
　湯……大さじ3
　粉砂糖……適量

コーヒープディング(写真下)
　インスタントコーヒー……小さじ1
　湯……大さじ3
　アーモンドスライス……5枚
　オレンジ(スライス)
　　……10枚(約1/8個分)
　グラニュー糖……適量

● **下準備**
オーブンを160℃に余熱しておく。

● **作り方**

1　レーズンプディングのインスタントコーヒーを湯で溶かし、レーズンを漬ける。

2　お米パンを2cm角に切る。ボウルに卵、グラニュー糖を入れて混ぜ合わせ、コアントローを加える。

3　牛乳、生クリーム、バターを600Wの電子レンジで1分半ほど加熱し、2に加えて混ぜる。

4　アルミホイルを折り、耐熱皿を半分に分けるように立てる。2のお米パンを全面に敷き詰めて、3を流す。

5　コーヒープティングのインスタントコーヒーを湯で溶かし、4の半面に流す。

6　天板に置いて湯を張り、160℃のオーブンで30分蒸し焼きにする。

7　5のコーヒープディングの生地に、アーモンドスライス、オレンジをのせ、グラニュー糖を振りかける。

8　残り片方の生地に、1のコーヒー漬けレーズンをのせ、さらに160℃のオーブンで10分ほど焼く。

9　粗熱が取れたら、8のレーズンプティングに粉砂糖を振りかける。中心に立てたアルミホイルを取り除く。

column3
手作りパンをかわいくラッピング

GOPANで焼いたパンのおいしさを、大好きなあの人におすそわけ。
飾りすぎないラッピングが、手作りパンにはぴったりです。

1. おでかけバッグ

紙袋の口にひもを渡して、ひもを挟み込むようにくるくると折り曲げます。折り曲げた紙袋の真ん中をテープでとめ、ひももつないで円にします。ひもが持ち手になった、かわいいバッグの出来上がり。スタンプを押してキュートな演出も。

2. ワックスペーパー・ラッピング

生地の色やトッピングを楽しむパンには、ぜひ中身が見えるラッピングを！ ワックスペーパーでパンをキャラメル包みします。淡い色のリネンのひもで蝶々結び。さらに飾りをつければ、可憐な贈り物に。

3. 三角ラッピング

マチのない紙袋の左右の輪を合わせて、口を縦に折り曲げます。底が広がり、簡単に三角形が作れます（B6サイズくらいの封筒でも作れます）。口をくるくると折り曲げて、キュートなテープで軽くとめたら完成です。

ボリューム満点！ ご飯代わりに食べたい

おかずパン、アレンジパン

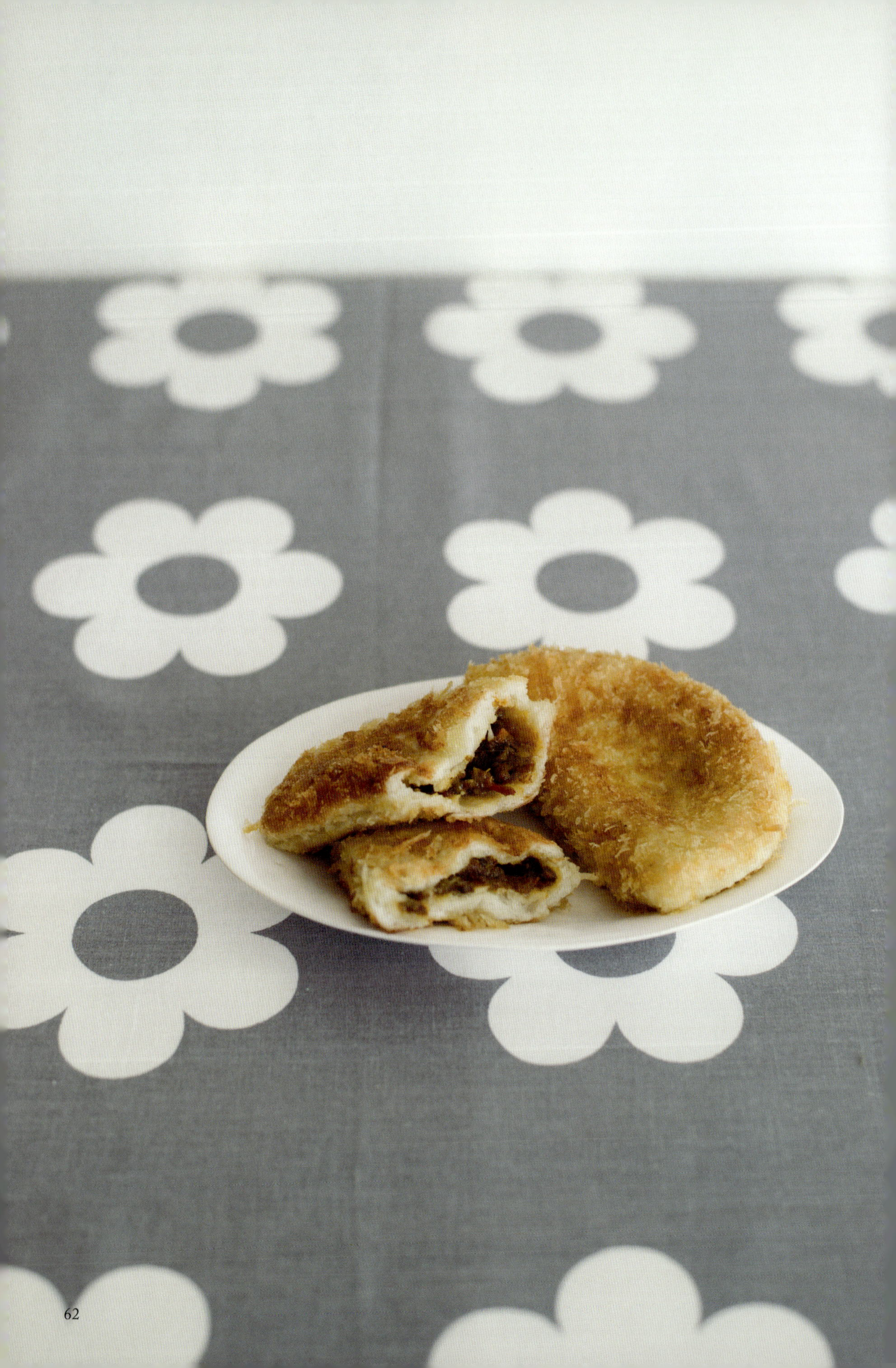

まるごとカレーパン

おかずパン

フライパンで焼く手軽なカレーパン。お好みでチーズを入れて！

● 材料(6個分)

A
- 小麦グルテン……50g
- ドライイースト……3g

B
- 白米220g＋水……395g
  (予約時の室温が低いときは、水を10g増やす)
- 豆乳(牛乳でも可)……15g
- 溶き卵……15g
- 砂糖……16g
- 塩……4g
- バター……15g

C
- カレー(レトルトでも可)……約200g
- 薄力粉……大さじ1
- 溶き卵……40g
- パン粉……大さじ5
- サラダ油……適量

● 作り方

1　Aを自動投入ケース、Bを米パンケースに入れ、それぞれ本体にセットする(P11・1〜3参照)。「米パン生地」キーを押し、「お米」→「パン生地コース」を選び、スタートキーを押す。

2　Cのカレーを鍋に入れ、薄力粉を茶こしに入れ、ダマにならないようにまんべんなく振り入れて、よく混ぜてから中火で煮詰める。包めるほどの硬さになったら、冷ましておく。

3　アラームが鳴り、生地が出来上がったら、ふたを開けて生地を取り出す。生地を6分割し、濡らして固く絞ったふきんをのせて10分ほど寝かせる。

4　2のカレーは6等分する。3の生地をめん棒で10〜12cmの円形に伸ばし、カレーをのせる。生地の端に水(少量)をつけて二つ折にし(a)、合わせ目をつまんでしっかりととじ(b)、形をととのえる。濡れぶきんをのせて室温で15分おく。

※室温は25〜30℃を想定。室温が20℃の場合は、20分ほどおく。
※お好みでチーズを中に入れるのもおすすめ。

5　生地に溶き卵をつけて、パン粉をまぶす。フライパンで多めの油を熱し、片面2分半ずつ揚げ焼きにする。キッチンペーパーを敷いたバットに置き、余分な油分を取り除く。

※温め直すときは、600Wの電子レンジで1分半ほど加熱する。

(a) 水をつけることで、生地同士がよりくっつき、外れにくくなる

(b) 生地同士をしっかりとつまんでとじ合わせるのがポイント

まるごとハンバーグパン

ボリュームたっぷりのハンバーグが食べ応え十分。トマトとなすとも相性バッチリ

● 材料(5個分)

A
- 小麦グルテン……50g
- ドライイースト……3g

B
- 白米220g＋水……395g
  (予約時の室温が低いときは、水を10g増やす)
- 豆乳(牛乳でもOK)……15g
- 溶き卵……15g
- 砂糖……16g
- 塩……4g
- 無塩バター……15g

C
- ハンバーグ……5個
- マヨネーズ、イタリアンパセリ
  ……各適量
- ミニトマト、なす……各適量
- 溶き卵……適量

● 下準備

オーブンを190℃に余熱しておく。冷凍ハンバーグを使用する場合は、電子レンジや沸騰したお湯に入れて解凍しておく。

● 作り方

1　Aを自動投入ケース、Bを米パンケースに入れ、それぞれ本体にセットする(P11・1〜3参照)。「米パン生地」キーを押し、「お米」→「パン生地コース」を選び、スタートキーを押す。

2　アラームが鳴り、生地が出来上がったら、ふたを開けて生地を取り出す。生地を5〜6等分し(ハンバーグの大きさに合わせる)、濡らして固く絞ったふきんをのせて10分ほど寝かせる。

3　生地をめん棒でハンバーグより2cm大きい円形に伸ばし、ハンバーグを包む。濡れぶきんをのせて室温で15分おく。
※室温は25〜30℃を想定。室温が20℃の場合は、20分ほどおく。

4　生地にハケでCの溶き卵を塗り、ハンバーグの上にお好みでマヨネーズ、食べやすい大きさに切ったトマト、なすをトッピングする。190℃のオーブンで20分ほど焼き、イタリアンパセリをのせる。

ソーセージエッグパン

コロコロとした具材がキュートな水玉模様のよう。朝食にどうぞ

おかず
パン

● 材料(1斤分)

A ┃ 小麦グルテン……50g
　 ┃ ドライイースト……3g

B ┃ 白米220g＋水……418g
　 ┃ （予約時の室温が低いときは、水を10g増やす）
　 ┃ 砂糖……16g
　 ┃ 塩……4g
　 ┃ トマトケチャップ
　 ┃ 　　……大さじ1(18g)
　 ┃ 無塩バター……17g

C ┃ ゆで卵……2個
　 ┃ ソーセージ(長いサイズが
　 ┃ 　おすすめ)……2本
　 ┃ アスパラガス……4本
　 ┃ イタリアンパセリ(あれば)
　 ┃ 　　……適量

● 作り方

1　Cのゆで卵を横から1/3に切る。

2　Aを自動投入ケース、Bを米パンケースに入れ、それぞれ本体にセットする(P11・1〜3参照)。「米パン」キーを押し、「お米」→「食パンコース」を選び、スタートキーを押す。

3　「こね」が終わり、「発酵」に入る直前(出来上がりの約115分前)に、電源は切らずにふたを開けて生地を取り出す。めん棒で縦35cm、横12cmに伸ばす。

4　生地にCのアスパラガス、ソーセージを交互に並べ、手前からくるくると巻く。1のゆで卵を指で押さえてのせ、パンケースより小さめになるよう形をととのえる。羽根を外したパンケースに入れ、ふたを閉めてそのまま焼き上げる。

5　お好みでイタリアンパセリを添える。

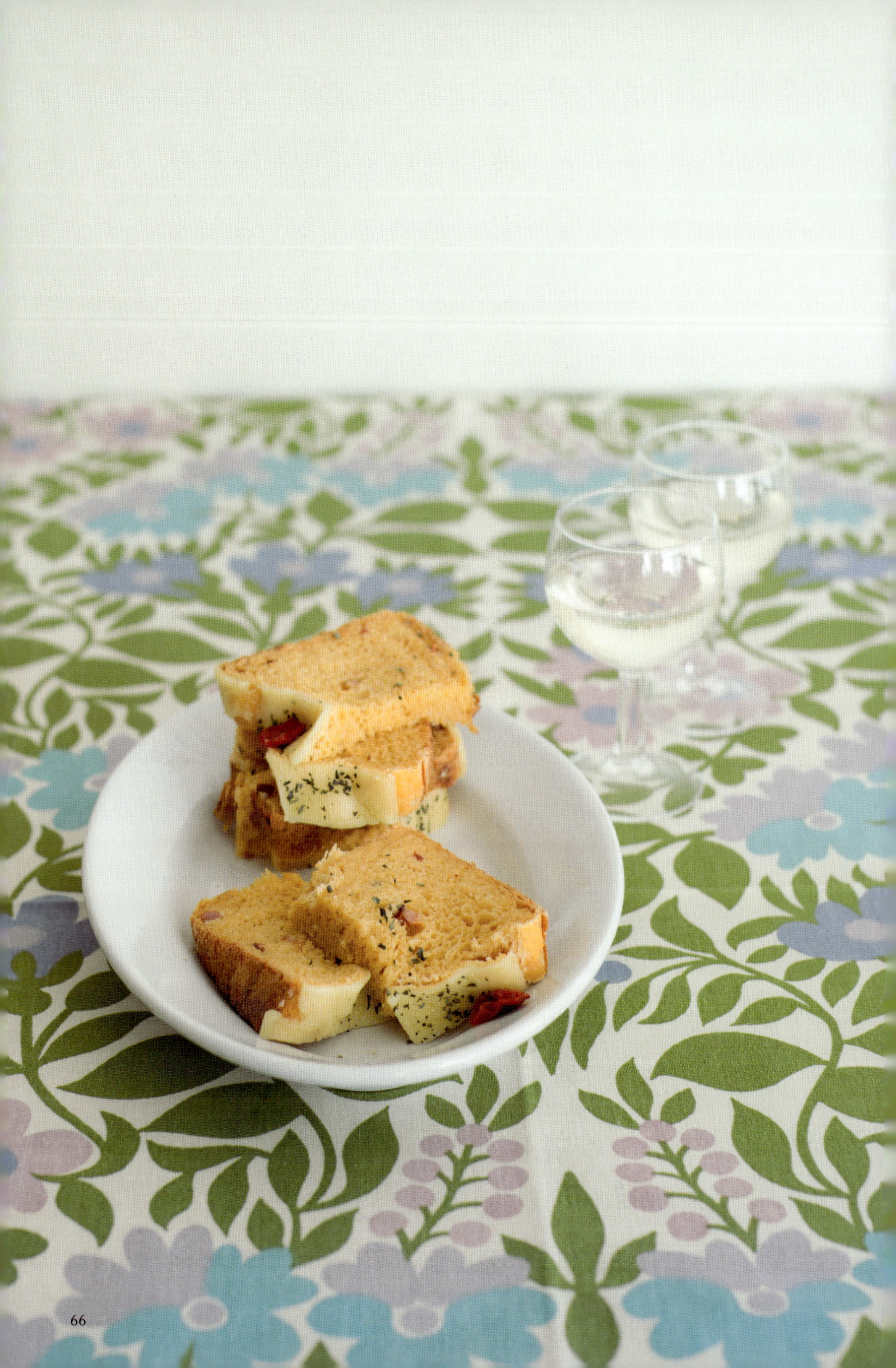

ミネストローネチーズパン

おかずパン

ソーセージ、たまねぎ、チーズの相性は抜群！ トマトの生地色がとってもキレイ

● **材料**(1斤分)

A
- 小麦グルテン……50g
- ドライイースト……3g
- ソーセージ……20g

B
- 白米220g＋水……395g
  (予約時の室温が低いときは、水を10g増やす)
- トマトピューレ……40g
- 砂糖……16g
- 塩……4g
- 無塩バター……15g
- たまねぎ……10g
- コンソメ顆粒……3g

C
- スライスチーズ(溶けるタイプ)……1枚
- ドライバジル……小さじ1
- ドライトマト……3個

● **作り方**

1　Aのソーセージは粗めのみじん切りに、Bのたまねぎはみじん切りにする。Cのスライスチーズは手で細かくちぎり、ドライトマトは1cm角に切る。

2　Aをドライイースト→小麦グルテン→ソーセージの順に自動投入ケースに(a)、Bを米パンケースに入れ、それぞれ本体にセットする(P11・1～3参照)。「米パン」キーを押し、「お米」→「食パンコース」を選び、スタートキーを押す。

3　焼き上がったらふたを開け、米パンケースを入れたまま1のチーズをかけ、Cのドライバジル、ドライトマトを散らし、余熱で溶かす。

(a) みじん切りにしたソーセージは、自動投入ケースに最後に入れる

もちもちフォカッチャパン

オリーブとローズマリーが利いた、
シンプルなお酒のおつまみパン

(a) オリーブを並べる間隔になるよう、指で深さ1cmの穴を開ける

● 材料（1斤分）

A
- 小麦グルテン……50g
- ドライイースト……3g

B
- 白米220g＋水……415g
  （予約時の室温が低いときは、水を10g増やす）
- 砂糖……16g
- 塩……5g
- オリーブオイル……大さじ2
- ブラックペッパー……1g

C
- オリーブ（黒・グリーン、種抜きスライス）……各30g
- ローズマリー……1g
- 岩塩……小さじ½（適量）
- オリーブオイル（まわしかけ用）……大さじ1

● 作り方

1　Cのローズマリーを細かく切る。

2　Aを自動投入ケース、Bを米パンケースに入れ、それぞれ本体にセットする（P11・1〜3参照）。「米パン」キーを押し、「お米」→「食パンコース」を選び、スタートキーを押す。

3　「最終発酵」が終わり、「焼き」に入る直前（出来上がりの約110分前）に、電源は切らずにふたを開けてパンケースを取り出す。焼き上がり時の厚みをおさえるため、パン生地を指で押してガスを抜く(a)。

4　指で押したところにローズマリーを埋め込み、同じ位置にCのオリーブを強く押し込むように埋め込む。オリーブオイルをまわしかけ、オリーブの間に残りのローズマリーをのせる。最後に岩塩を振りかけて、パンケースを本体に戻し、ふたを閉めてそのまま焼き上げる。

おかずパン

釜揚げしらす&トマトのおかずパン

釜揚げしらすとトマトがほどよくマッチ。
カフェスタイルのランチやワインと合わせて

● 材料(6個分)

A
- 小麦グルテン……50g
- ドライイースト……3g

B
- 白米220g＋水……380g
  (予約時の室温が低いときは、水を10g増やす)
- トマトジュース……60g
- 砂糖……16g
- 塩……4g
- 無塩バター……15g

C
- 釜揚げしらす……50g
- ミニトマト(赤・黄)……各5個
- ブラックペッパー……適量
- 岩塩……適量
- オリーブオイル……大さじ1

● 下準備
オーブンを190℃に余熱しておく。

● 作り方

1　Cのミニトマトは輪切りにする。

2　Aを自動投入ケース、Bを米パンケースに入れ、それぞれ本体にセットする(P11・1〜3参照)。「米パン生地」キーを押し、「お米」→「パン生地コース」を選び、スタートキーを押す。

3　アラームが鳴り、生地が出来上がったら、ふたを開けて生地を取り出す。生地を6分割し、濡らして固く絞ったふきんをのせて10分ほど寝かせる。

4　生地を手で押して、パンの上にハケでCのオリーブオイルを塗り、釜揚げしらすと1のミニトマトをのせて、ブラックペッパー、岩塩を振りかける。濡れぶきんをのせて室温で15分おく。

※室温は25〜30℃を想定。室温が20℃の場合は、20分ほどおく。

5　190℃のオーブンで20分ほど焼く。

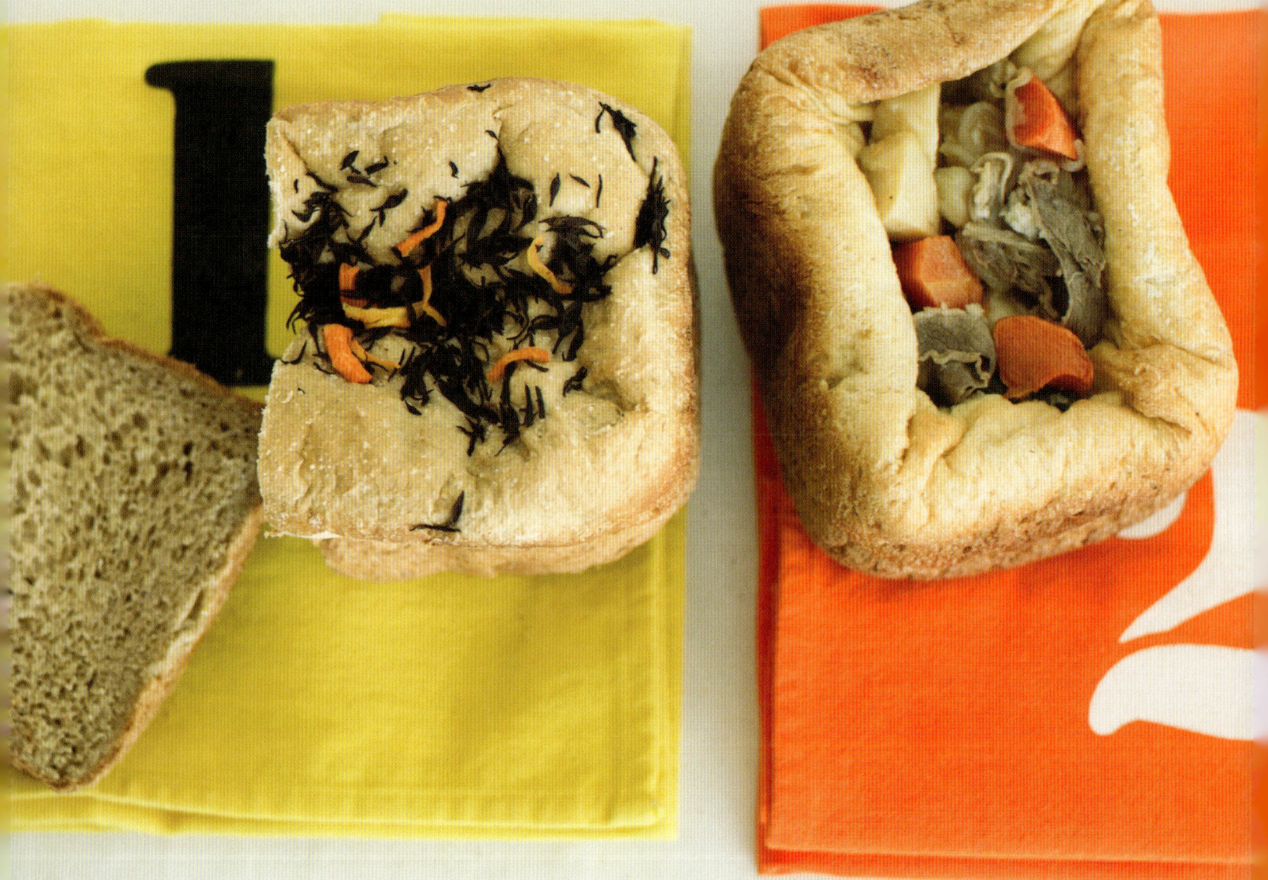

ひじきパン

おかずパン

残りがちなおかずも、オシャレなパンに。お米のパンだからよく合います

● **材料**(1斤分)

A
- 小麦グルテン……50g
- ドライイースト……3g

B
- 白米220g＋水……395g
  (予約時の室温が低いときは、水を10g増やす)
- しょうゆ……20g
- ごま油……5g
- 塩……4g
- 砂糖……10g
- バター……10g
- ひじきの煮物※……40g

C
- ひじきの煮物※……10g

● **作り方**

1　Aを自動投入ケース、Bを米パンケースに入れ、それぞれ本体にセットする(P11・1～3参照)。「米パン」→「お米」→「食パンコース」を選び、スタートキーを押す。

2　「最終発酵」が終わり、「焼き」に入る直前(出来上がりの約50分前)に、Cのひじきの煮物をトッピングしてそのまま焼き上げる。

※ひじきの煮物の作り方
乾燥ひじきは水に戻し(戻したものを40g)、切ったにんじん(10g)と一緒にしょうゆ(大さじ2)、砂糖(大さじ1)、みりん(大さじ1)で煮詰める。

肉じゃがパン

味のよくしみた肉じゃががパンのボリュームをアップ。和風のお食事パンです

● **材料**(1斤分)

A
- 小麦グルテン……50g
- ドライイースト……4g

B
- 白米220g＋水……400g
  (予約時の室温が低いときは、水を10g増やす)
- 砂糖……20g
- しょうゆ……18g
- みりん……18g
- 味噌……6g
- 無塩バター……16g
- 肉じゃが……30g

C
- 肉じゃが※……50g

● **作り方**

1　Bの肉じゃがは、じゃがいも、にんじんを2cm角に切る。肉、たまねぎ、しらたきはそのままでOK。

2　Aを自動投入ケース、Bを米パンケースに入れ(a)、それぞれ本体にセットする(P11・1～3参照)。「米パン」キーを押し、「お米」→「食パンコース」を選び、スタートキーを押す。

3　「最終発酵」が終わり、「焼き」に入る直前(出来上がりの約50分前)に、Cの肉じゃがをトッピングしてそのまま焼き上げる。

※センターが凹むので、気になる場合は15g程度の肉じゃがをトッピングし、焼き上がってから凹んだところに、残りをトッピングするとよい。

※肉じゃがの作り方
鍋に油を熱し、牛肉(20g)を中火で炒めて、酒(小さじ1)を加える。カットしたたまねぎ(20g)、じゃがいも(30g)、にんじん(10g)、しらたき(10g)を加え、砂糖(小さじ1)を加えて煮て、しょうゆ(小さじ2)、みりん(小さじ1)を加え、さらに煮詰める。

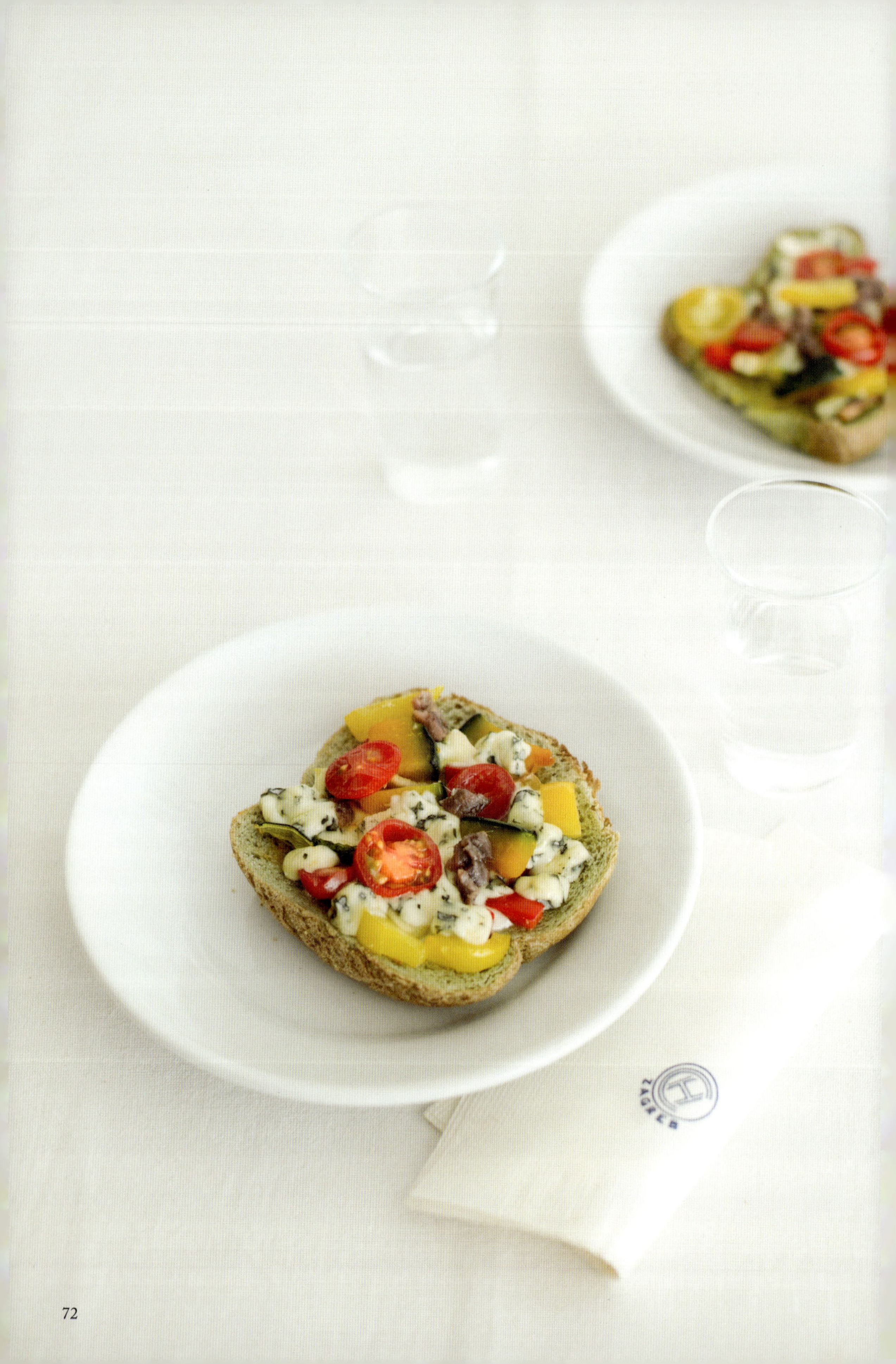

グリル野菜のピザトースト

アレンジパン

ブルーチーズとアンチョビで大人の味に。小さく切って、オードブルにも

● **材料**(2人分)
ほうれん草パン(P25参照)※
　厚さ2cm……2枚
かぼちゃ……40g
パプリカ(赤・黄)……各1/8個
ミニトマト……6個
ズッキーニ……40g
ブルーチーズ……100g
アンチョビフィレ……2切れ
オリーブオイル……大さじ1
岩塩……適量
※お好みのパンでOK。

● **作り方**

1　ほうれん草パンを厚さ2cmにカットする。

2　かぼちゃは電子レンジで加熱して、一口大に切る。パプリカも一口大に切る。ミニトマトは輪切りにする。

3　ズッキーニは一口大に切り、オリーブオイル(大さじ1/2)と岩塩を振りかけて、オーブントースターで5分ほど焼く。

4　ブルーチーズ、アンチョビは1cm角に切る。

5　パンにかぼちゃ、パプリカ、ミニトマト、**3**のズッキーニをトッピングし、ブルーチーズ、アンチョビをのせる。上からオリーブオイル(大さじ1/2)、岩塩を振りかけて、オーブントースターで3分ほど焼く。

見栄えよく仕上げるため、具は全体に行き渡るよう散らして置く

豆乳カマンベールチーズ・クロックムッシュ

カマンベールチーズがハムにとろ〜りのおいしさ。豆乳だからちょっぴりヘルシー

● **材料**(2人分)
基本のお米パン(P10〜11参照)
　厚さ2cm……2枚
卵……1個
豆乳……100ml
バター……15g
ハム……2枚
カマンベールチーズ……70g
マヨネーズ……大さじ2

● **作り方**
1　卵、豆乳を混ぜ合わせる。カマンベールチーズを一口大に切る。

2　お米パンの片面にマヨネーズを塗り、ハム、カマンベールチーズをのせて、残りのお米パンで挟む。

3　1の卵液にパンの両面をしっかりと浸す。中火で熱したフライパンにバターを入れ、溶けてきたところにパンを入れて、フライ返しで押し付けるようにしながら、中火で両面にこんがりとした焼き色がつくまで焼く。

4　3をななめ半分に切り分ける。

カリカリお米パンのえびアボカドサラダ

フレッシュなアボカドとえびが、カリカリパンと相まってサラダ感覚に

●**材料**(トマト3個分)
基本のお米パン(P10〜11参照)
　厚さ2cm……1枚
トマト(中サイズ)……3個
アボカド……1個
むきえび……12〜15尾
パルメザンチーズ……大さじ2
マヨネーズ……大さじ2
レモン汁……大さじ1
カレースパイス……小さじ1
塩……適量
ブラックペッパー(ミックスペッパー
　などでも可)……適量

●**作り方**

1　お米パンを2cm角に切り、パルメザンチーズを振りかけ、オーブントースターで3分半ほどカリカリになるまで焼く。

2　トマトはふたを作るように、上から2cmほどの位置でカットし、中をスプーンなどでくり抜く。くり抜いた果肉は粗めのみじん切りにし、30g用意する。

3　むきえびは塩茹でする。

4　アボカドは皮をむき、スプーンなどで潰し、レモン汁をまぶす。**3**のえびと和えて、塩、ブラックペッパー、マヨネーズ、カレースパイス、**2**のトマトの果肉、**1**のパンと混ぜ合わせる。

5　**2**のトマトの器に**4**を入れる。

アレンジパン

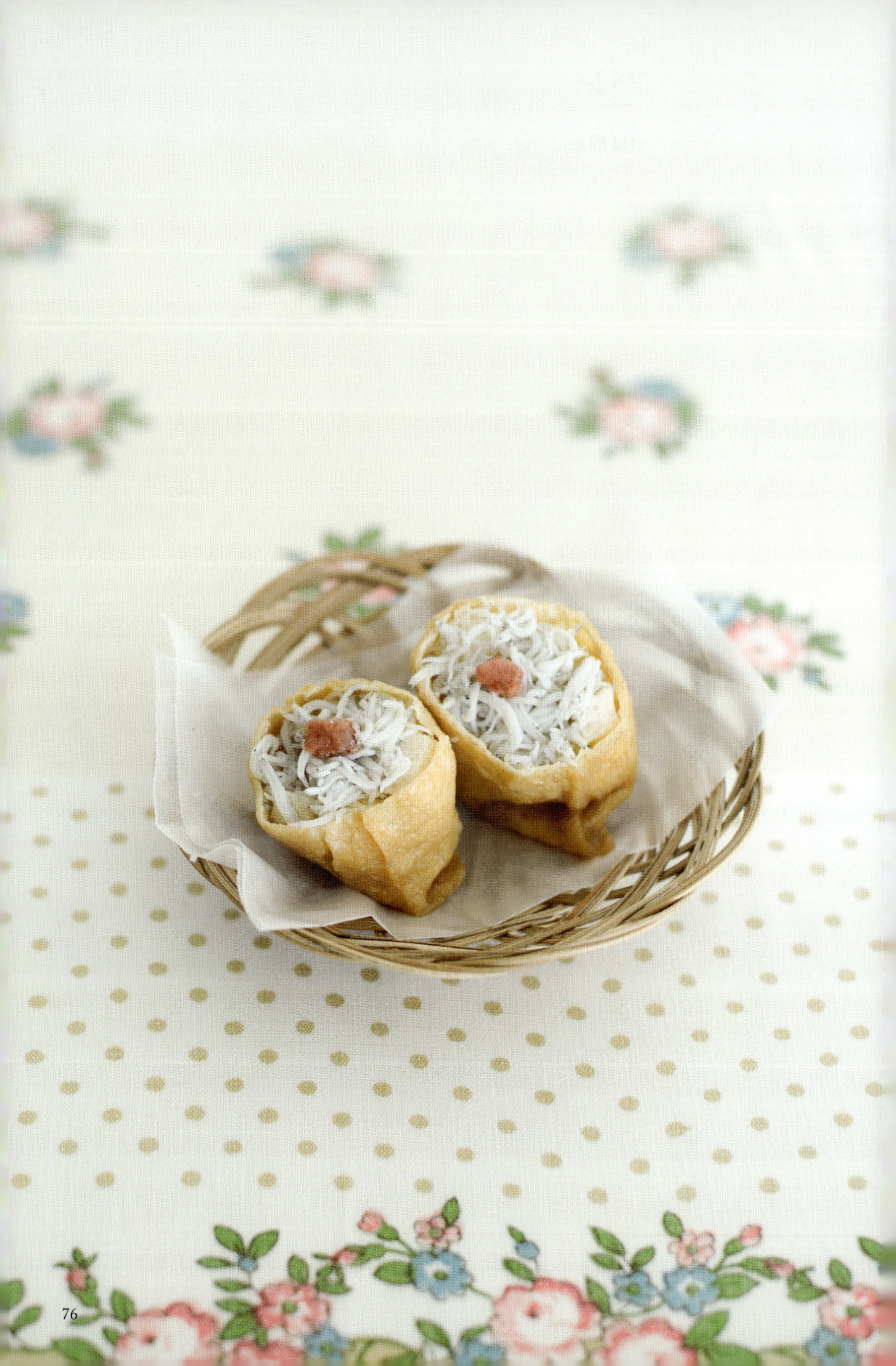

おいなりさんパン

おいなりさんに入れるのは酢飯だけじゃない！ お米パンも意外と合うんです

アレンジパン

● **材料**(8個分)
基本のお米パン(P10〜11参照)
　厚さ1cm……2枚
油揚げ……4枚
釜揚げしらす……150g
酢…… 大さじ1
はちみつ ……大さじ1
砂糖……大さじ3
しょうゆ……大さじ2
みりん……大さじ4
水……½カップ
梅肉(あれば)……適量

● **作り方**
1　お米パンを1cm角に切り、酢、はちみつと軽く和える。
2　油揚げは半分にカットして、熱湯でさっと茹でてざるに上げる。油揚げが冷めてから、油揚げの口を開く。
3　鍋に水、砂糖、みりん、しょうゆを入れて火にかけ、油揚げを入れ、落としぶたをして煮る。
4　油揚げは汁気を絞り、**1**のパンを詰める(a)。釜揚げしらすをトッピングし、あれば梅肉を中心にのせる。

(a) 詰めすぎると油揚げが破れるので、適量になるように注意

ラップサンド

えびフライ、から揚げなど、好きなものをくるくる巻いて

● 材料(5個分)
基本のお米パン(P10〜11参照)
　厚さ1cm……5枚
ゆで卵……3個
サンチュ……5枚
アスパラガス……3本
えびフライ……2本
から揚げ……3個
マヨネーズ……大さじ2
オリーブオイル……小さじ1
カレースパイス……小さじ1
塩……適量
ブラックペッパー……適量

● 作り方

1 お米パンを1cm幅に切り、パンの耳はカットする。めん棒で薄く伸ばす。

2 ゆで卵はスプーンなどで潰し、マヨネーズ、オリーブオイル、塩、ブラックペッパー、カレースパイスと和える。

3 アスパラガスは塩茹でする。

4 1のパンにサンチュをのせて、2の卵、3のアスパラガス、から揚げ、えびフライなどをお好みで巻く。

焼肉ロール

お米パンに具を挟んで、トルティーヤのように楽しむ

● 材料(8個分)
基本のお米パン(P10〜11参照)
　厚さ1cm……4枚
牛肉……150g
大葉……8枚
サラダ油……適量

A
　酒……大さじ1
　しょうゆ……大さじ1
　みりん……大さじ1
　砂糖……小さじ1

● 作り方

1 お米パンは耳をカットしてめん棒で伸ばし、半分に切って長方形にする。

2 ボウルに牛肉、Aを加え、冷蔵庫に10分以上おいて漬け込む。

3 2の牛肉を、油を熱したフライパンで中火で焼く。火が通ったら、軽く冷ます。

4 1のお米パンに大葉、牛肉を挟んで巻き、楊枝で押さえる。

アレンジパン

パンでカンタン！ たこ焼き

パンで作って揚げたたこ焼きは、
外はカリッ、中はもっちもちの新食感

● **材料**（8個分）
基本のお米パン（P10～11参照）
　……2、3切れ（150g）
ゆでだこ……50g
スライスチーズ（溶けるタイプ）
　……2枚
牛乳……100g
小麦粉……大さじ2
塩……1.5g
サラダ油……適量

オイスターソース……少量
かつおぶし……適量
青のり……適量
紅しょうが……適量

● **作り方**
1　お米パンは1cm角に切り、ボウルに入れる。牛乳、塩を加えて浸し、手で練り込む。ゆでだこは2cm角、ピザ用チーズを1cm角に切る。
2　1のパンを8分割して丸め、ゆでだこ、スライスチーズを丸く包み込む。
3　2に小麦粉をまぶし、170℃に熱したサラダ油できつね色になるまで揚げる。
4　3にオイスターソースをのせ、かつおぶし、青のり、紅しょうがを飾る。

鈴木あさみ　Suzuki Asami

一般社団法人ファームマエストロ協会代表。料理研究家。日本で最初の農業の資格である「ファームマエストロ」の協会を立ち上げ、農業の楽しさを一人でも多くの方に伝えたいと、講座運営及び、自らファームマエストロとして卒業生とCAFEやスイーツ等プロデュースを手掛けている。自身の畑やキッチンで無農薬野菜を育てるなど、素材には特にこだわり、体の中から健康＆キレイになれるレシピにこだわっている。著書に『プランターでおうち畑　知識ゼロからはじめる野菜づくり』（ブティック社）がある。
ブログ：http://ameblo.jp/asami-recipe/
一般社団法人ファームマエストロ協会：http://www.farm.fm/

Staff

撮影／下村しのぶ (kanaria photo studio)

スタイリング／曲田有子

デザイン／釜内由紀江、五十嵐奈央子、飛岡綾子、石神奈津子
(GRiD CO.,LTD.)

編集・構成／今 麻美、鈴木久子、島 晶子
(株式会社ケイ・ライターズクラブ)

企画・進行／堀井佳子 (株式会社ケイ・ライターズクラブ)

GOPANでつくる ごちそうお米パン
シンプルパンからアレンジパンまで。
おうちのお米でできる！

2011年4月20日　初版印刷
2011年4月30日　初版発行

著　者　鈴木あさみ
発行者　小野寺優
発行所　株式会社河出書房新社
　　　　〒151-0051
　　　　東京都渋谷区千駄ヶ谷2-32-2
　　　　電話 03-3404-8611（編集）
　　　　　　 03-3404-1201（営業）
　　　　http://www.kawade.co.jp/

印刷・製本　図書印刷株式会社
ISBN978-4-309-28257-2
Printed in Japan

落丁・乱丁本はお取り替えいたします。
本書の無断転載（コピー）は著作権法上の例外を除き、禁止されています。